한국의 다리 풍경

※ 이 책은 방일영문화재단의 지원을 받아 저술·출판 되었습니다.

한국의
다리 풍경

이종근

채륜서

우리나라에서 거짓말을 하는 경우, 흔히 '다리 밑에서 주워 왔다'고 말합니다.

일본 사람들은 '나무 가랑이에서 주워 왔다'고 하며, 그런가 하면 미국 사람들은 '황새가 물어다 주었다', 이탈리아 사람들은 '양배추 속에서 나왔다'고 합니다. 서양에서는 양배추 속을 다 까보고는 아이가 나오지 않는다고 울어댔다는 이야기가 전해오고 있습니다.

4

우리나라에서는 "넌 다리 밑에서 주워 왔으니까 말을 다시 듣지 않으면 다시 그 밑으로 보낼꺼야"라는 말에 "진짜 내 엄마는 어디에 있지", "내 진짜 엄마를 찾아줘"라고 한 아이들이 어디 저뿐에 그치겠습니까. 그제서야 어머니는 깜짝 놀라 "내가 너의 진짜 엄마다. 내가 너를 낳았으니까"라며 말을 바꾸기도 했습니다.

그러나 그 아이는 어머니가 거짓말을 했다는 생각을 평생 지우기 어려울 것이며, 정말로 다리가 원수로 다가서는 존재가 아닐 수 없습니다.

'다리 밑에서 주워 온 아이'라는 말의 유래로 널리 전승되고 있는 설화가 경북 영주시 순흥면 청다리 등을 배경으로 하고 있습니다.

현진건의 《무영탑》은 불국사의 청운교, 연화교 등의 다리가 나오며, 경북 남해군 남면 석교石橋마을은 김만중의 소설 『구운몽』을 생각나게 만듭니다.

박경리의 소설 《파시》는 부산 영도대교가 주요 배경으로 등장하며, 최명희의 《혼불》은 전북의 다리가 여러 군데 등장합니다.

삼의당三宜堂 김씨의 '완산 남천교를 지나며過完山南川橋'는 전주의 옛 모습이 소개됩니다.

요즘은 인천대교, 서해대교, 광안대교 등 멋진 다리들이 많이 놓이면서 한국 건축이 세계 최고임을 자랑하고 있습니다.

그렇다면, 요즘의 다리는 벌교 홍교 위에서 누군가가 떨어졌지만 다치지 않았다는 말이 있을 정도로 안전한가요.

혹여, 다리가 사람과 사랑을 연결하는 것이 아닌, 강남과 강북의 경계를 구분하는 등 단절을 의미하지는 않나요.

무섬 외나무다리, 진천 농다리, 부산 영도대교, 김제 새창이다리, 예산 삽교 섶다리 등 다리를 중심으로 한 축제와 행사를 통해 추억을 다시금 상기할 수 있어 얼마나 다행인지 모릅니다.

빗소리 들리면 떠오르는 모습

달처럼 탐스런 하얀 얼굴

우연히 만났다 말없이 가버린 긴 머리 소녀야

눈 먼 아이처럼 귀 먼 아이처럼

조심조심 징검다리 건너던

개울 건너 작은 집의 긴 머리 소녀야

눈감고 두 손 모아 널 위해 기도하리라

왜 젊은 날에는 이처럼 아름다운 노랫말이 들리지 않았는지, 지난날의 눈부시도록 하얀 사랑 앞에 감사하고 미안할 따름입니다.

지금, 청아한 소리로 공명되고 있는 시냇물 저 만치, 징검다리 사이로 시간이 흘러가고 있습니다. 위태위태하고 아슬아슬한 징검다리를 걸을 때 사람이 더 성숙해지고 아름다워질 수 있지 않나요.

우리네 다리는 물속에서 놀다가 지치거나 추워지면 그 위에 나란히 걸터 앉아, 수박 서리를 모의하기도 했으며, 또 도깨비와 만나는 장소가 되는 등 짜릿한 추억이 깃들었습니다.

지금의 징검다리들이 낭만과 여유를 즐길 수 있는 또 다른 수단이 되고 있다니 상전벽해인가요, 벽해상전인가요.

계절이 바뀌는 창변이 올 때면, 징검다리, 무지개다리, 섶다리, 궁궐의 다리 등을 건너면서 잊어버린, 아니 잃어버린 자아를 찾아보고 싶은 욕망에 사로잡히곤 합니다.

먼저 이 책의 발간을 축하합니다.

원고를 넘기다 보니 그는 옛 다리의 역사성만 탐색하는 것이 아니라 새로운 다리를 놓고 있다는 생각을 하게 되었습니다.

이종근 기자는 역사가 있는 옛 다리를 소개하면서 오늘도 길을 잇는 기능을 말없이 수행하고 있는 오늘의 모습과 함께 그 안에 스며 있는 다양한 이야기를 풀어내어 이 생명력을 미래와 연결하고 있었기 때문입니다.

옛 다리 주변의 아름다운 경관뿐만 아니라 이를 지나간 많은 인물과 삶의 모습, 사상을 소개하고 수많은 전설, 숨겨진 사연까지 탐색하여 풀어내기 때문에 더욱더 길어져 풍요로운 문화가 있는 미래로 우리를 안내합니다.

그 때문에 옛 다리는 길 위에서 부르는 노래와 극의 마당이 되기도 하며 시간과 공간을 잇는 새로운 상징이 되기도 합니다. 그의 옛 다리는 삶을 이끌며 영광과 무욕의 세월을 건넌 과거가 아닌, 다양한 역사가 만드는 미래의 새 문화다리가 되고 있습니다. 그가 놓아가는 다리들은 멋진 사진과 함께 상세한 역사 정보로 기록물로서의 가치도 높습니다.

또한 그가 뽑은 옛 다리의 제목들은 지극히 문학적입니다. 문학

7

소년의 감성이 아직도 사그라지지 않은 그의 감성적 표현들은 나이 든 독자의 감성까지도 청년기로 이끌어 주고 있습니다.

시어와 같은 표현들은 신춘문예 당선작처럼 신선한 문학적 정취를 느끼게도 합니다. 그러면서도 철저히 자료를 탐색하여 준공 일자, 원래의 크기도 파악하고 있어 기록물로서의 자료 가치도 매우 큽니다. 이제 문화재는 유물로서만 우리에게 존재하는 것이 아니라 우리의 감성과 지성을 일깨우는 창의적인 자료로 활용되어야 합니다.

그리고 더 나아가 지역경제의 육성 자원으로도 이용되어야만 합니다. 이를 위해서는 문화재의 미래가치 탐색이 절대적으로 요청됨은 물론 이를 소개하는 적절한 안내서가 무엇보다 필요하다고 하겠습니다. 적절한 문화재 안내서가 부족한 현 상황에서 발간된 이 책은 문화재의 미래 가치가 어디에 있는가를 알려주는 좋은 안내서입니다.

글을 통해 옛 다리를 찾아 멀고 험한 길을 달리고, 한없이 걷는 그의 수고와 노력의 힘겨움도 느낄 수 있고 자료를 찾아내는 탐구심과 열정과 함께 현장에서 많은 것을 느끼는 섬세함과 성실함도 엿볼 수 있었습니다.

또한 사건과 상황을 정확하게 전달하고자 하는 선진 언론인으로의 새로운 모습도 보여주기에 감동이 있습니다.

이 때문에 우리나라 문화재 관리의 책임 행정인으로서 볼 때 그는 귀한 협력자이기도 합니다. 문화재 가치가 젊은이들에게, 후손에게 전하여 주는 새로운 다리를 건설해 주었기 때문입니다. 그가 놓는 새로운 다리의 건설이 지속되기를 바라며, 문화재를 향한 열정이 힘든 여정으로 사그라지지 않기를 빌어봅니다.

2016년 봄
나선화 문화재청장

강원도, 경기도, 서울시

가을의 크리스마스 평창 봉평의 다리

강원도 평창은 삼백예순다섯 날 모두 모두가 향기롭습니다. 봉평 들녘을 하얗게 수놓은 메밀꽃 향기가 그렇고, 대관령 하늘목장의 싱그러운 초록 물결 또한 그렇습니다.

어디 이뿐인가요. 월정사 '천년의 숲'의 바람결엔 솔 향내음이 듬뿍 묻어납니다. 새벽은 가슴이 아릴 정도로 아름답습니다. 숲을 헤치며 퍼지는 빛이 한 폭의 수묵화를 그려놓은 듯 안개에 휩싸였고, 마주한 새벽 연무는 달콤하고 싱그러운 향기를 담고 있습니다.

어느새 몰려온 붉은 물결에 숲은 화들짝 놀라 황홀한 빛 그림을 그려냅니다. 대지를 깨우는 촉촉한 공기에 온몸이 떨려오는데, 숲 너머 메밀꽃 향을 듬뿍 담은 바람이 귀밑을 애무합니다. 가슴이 울렁이고 있으니, 이제 가을 사랑이 시작되나 봐요.

1 오감을 간지럽히는 빛에 흐드러진 봉평은 이내 마음을 아는 듯 소담스럽게 재잘거립니다. 소박을 한 여인같은 메밀꽃을 보자니 이내 마음이 보석처럼 빛납니다.

2 봉평장터 옆 가산공원에 허생원과 장돌뱅이들이 지친 하루의 여정을 풀던 충주집이 정겹고, 동이가 허생원을 업고 건너던 개울의 섶다리가 가을날의 크리스마스를 선사합니다. ⓒ 평창군청

1 2

참사랑은, 기억과 함께 살아가는 사랑이기에 가을밤의 별빛처럼 빛나지 않습니다. 그러나 그 사랑으로 인해 그를 기억하는 사람은 늘 행복합니다. 기억 속에 남는 사랑은 그 사람이 살아있는 한 영원합니다. 빛이 되는 사랑보단 기억되는 사랑이 더 행복한 까닭입니다.

소금인 양 머물다 갈까

왕소금 알갱이만한 꽃송이들이 '탁탁탁' 터지기 시작하는 9월이면 비로소 평창의 가을 하늘이 열립니다. 드넓은 메밀밭은 함박눈이 소복하게 내려앉아 가을의 크리스마스 같습니다. 시나브로 메밀꽃은 '달빛'보다 환한 '눈雪빛'으로 세상을 밝힙니다. 이내 그늘진 마음도 금세 밝아집니다.

평창의 봉평 땅에 들어서서 메밀꽃밭과 들판 사이로 난 길을 앞서거니 뒤서거니 걷다 보면 구름 위를 걷는 듯 둥실둥실 즐겁기만 합니다. 메밀밭 사이 황톳길에 서면 바람도 가만가만 몸을 낮춥니다. 이제 막 봉긋한 가슴이 자란 소녀의 젖가슴처럼 부드러운 구릉에 널따랗게 펼쳐진 메밀밭, 바람도 길을 잃은 듯 숨소리마저 조심스럽습니다.

넉넉한 곡선을 따라 난 고샅길을 따라 사박사박 걷노라니 구름 속에 파묻힌 것 같습니다. 누구도 나를 찾지 못할 것 같은 기분 좋은 짜릿함까지 맛봅니다. 메밀꽃 사이 폭신한 길섶을 걷고 또 걷는 맛이란.

산허리는 온통 메밀밭이어서 피기 시작한 꽃이 소금을 뿌린 듯이 흐붓한 달빛에 숨이 막힐 지경이다.

1 봉평은 올 때마다 푸근합니다. 화려하지
도 않고, 달달하지도 않지만 언제 먹어도
구수한 숭늉처럼, 칼칼한 막국수처럼 살
가운 느낌이 감돕니다. 비벼도 비벼도 끝
이 없는 풍경으로 가득 찬 이곳은 평창이
드래요~ © 평창군청

2 허생원과 성씨 처녀가 남몰래 사랑을 나
눈 물레방앗간. 두 사람의 하룻밤을 상상
하는 것만으로도 두 볼이 발그레 달아오
릅니다. 이 앞을 지나면서 당신의 초점은
어디를 향하고 있나요.

3 코발트빛 하늘 아래 새하얀 메밀은 세상
에 찌든 검붉은 마음을 정화시켜줍니다.
꽃밭에 앉아 시 한 편을 읊으면 아스라한
낭만으로 흥건합니다.

16

3

이효석의 소설 〈메밀꽃 필 무렵〉의 한 대목이 떠오릅니다. 봉평은 이 작품의 배경이 되었던 장소들이 그대로 보존되어 있는 바, '이효석 문화마을'입니다. 성서방네 처녀와 허생원이 사랑을 나누던 물레방앗간, 동이와 허생원이 다투던 충주집, 허생원이 숨을 헐떡이며 넘던 노루목고개, 물에 빠진 허생원을 동이가 업고 건너며 혈육의 정을 느끼던 여울목, 허생원과 같은 장돌뱅이들이 난전을 펼치던 봉평장이 아직도 남아 있습니다.

물레방앗간을 지나는 젊은 아가씨가 눈에 보입니다. 소설 속에서 허생원과 운명적 만남을 가졌던 봉평에서, 가장 예뻤다는 성서방네 처녀가 아마도 저 정도의 미모를 가졌음 직합니다. 물레방앗간 너머 창동리 산비탈에 자리한 '이효석 문학관'도 꼭 들러야 할 곳 중 하나입니다.

길이 끝나고 마음이 시작되는 곳

옥수수 잎새와 콩포기가 달빛에 푸르게 젖었고, 소금을 뿌린 듯한 메밀밭도 옛 모습 그대로입니다. 장터 한쪽에선 잔치라도 벌이는 듯, 고소한 기름 냄새가 천지를 진동합니다. 이윽고 산허리를 감싸고 흐르는 '흥정천'이 모습을 드러냅니다.

물에 빠진 허생원을 동이가 업고 건너며 부자의 정을 느낀 바로 그 개울입니다. 주막에서 과거의 잘못을 사과하던 중 동이는 홀어머니 밑에서 어렵게 자란 이야기를 털어놓고, 등에 업힌 허생원은 동이모친의 고향이 봉평이라는 것과 그가 왼손잡이라는 사실을 깨닫습니다. 편하게 건널 수 있는 남안교를 놔두고 섶다리를 괜스레 폴짝거리며 건너고 싶어집니다.

작품 속에 등장하는 흥정천에는 현재 남안교가 자리해 있고, 그 아래 운치 있는 섶다리와 징검다리가 놓여 있습니다. 이 다리는 사람 사이의 이음과 맺음, 그리고 살 냄새, 땀 냄새 흥건히 나는 이야기를 보듬고 있습니다. 이웃 마을에 사는 처녀, 총각이 만나 사랑을 나누던 곳, 길 떠나는 자식을 눈물로 배웅하는 곳, 해 질 녘 장에 간 아버지가 고등어 한 손을 들고 건너는 곳이었습니다.

때론 여인네의 한이 서려 있기도 하며, 때론 장날 술 한 잔을 걸치고 오는 날이면 누군가는 어김없이 헛발을 짚게 만든 장본인이기도 합니다. 옛사람들이 오갔던 흔적이 바위 틈서리마다, 수풀 사이마다 또렷했다가 또 사라지기도 하는 꿈결 같은 길입니다. 물이 불었으면 양말, 신발 벗고 맨 종아리로 흥정천의 물을 건너면서 호사를 누리고 싶지 않나요.

흥정천 앞 메밀밭을 망원 렌즈로 당겨봅니다. 흰 메밀꽃이 흐드러지게 핀 넓은 벌판을 거니는 사람들의 모습이 너무 행복해 보입니다. 이에 질세라, 저마다 꽃밭을 향하는 발걸음이 행군을 하는 군인들처럼 빨라집니다.

메밀꽃 풍경에 막걸리 한 모금

봉평에 서 있노라니, 나도 모르게 순백색에 빨려 들어갑니다. 달이 어지간히 기운 밤, 자신과 반평생을 함께 한 늙은 나귀와 함께 이곳저곳 돌아다니며 생활하는 늙은 장돌뱅이 허생원.

추억을 간직한 젊은 시절을 회상하며 곱씹는 장면은 묵묵히 걸어

가는 우리의 인생과 꼭 맞닿아 있습니다.

차오른 숨을 고르고 걸어왔던 길을 뒤돌아봅니다. 구름이 넘나드는 평창의 풍경이 아스라이 눈에 박힙니다. 언제나 평창에 오면 한 굽이 끝나고, 또 한 굽이 돌면 어떤 것들이, 반기고 그 끝에 무엇이 있을까 라는 기대에 나도 모르게 설레입니다. 상처마다 꽃이 피고, 눈물마다 별이 뜨는 게 삶이런가요. 지금 제 삶을 돌아보니 고비고비마다 굽은 길의 연속이었습니다.

대지의 빛을 머금은 메밀꽃이 하늘에서 한 소쿠리쯤 딴 별을 뿌려 놓은 듯, 황홀한 밤이 토실토실 익어갑니다. 그 밭에 앉아 메밀 막걸리 한 잔에 이내 몸이 서서히 가벼워지고, 달빛 한 조각에 이내 마음도 흥건히 취하고 있습니다. 제아무리 부서져도 좋은 게, 아니 끝간 데 없는 게 명징한 달빛이 아니던가요. 호수처럼 잔잔한 마음이 더없이 살갑게 다가오는 봉평의 밤은 분명코 낮보다 아름답습니다.

하얀 사랑 앞에선
소나기마을의 징검다리

황순원의 소설 〈소나기〉를 읽고 난 후 개울가, 물장난, 조약돌 등 친근한 단어들이 한동안 가슴 한켠에 오롯이 남아 있었습니다. 덕분에 어릴 적 고향 동네에 사는 듯, 행복한 심사에 젖을 수 있었습니다.

도시에서 자란 사람들은 언뜻 이해하기 어렵지만, 어느 정도 나이가 든 사람이라면 농촌에서 보낸 어린 시절의 그리운 시간과 장소를 끄집어내는 일이 그다지 어렵지 않습니다. 한 소년의 애틋하고 아름다운 첫사랑 이야기가 여름 농촌 풍경을 배경으로 하고 있는 만큼 과거로 되돌아가는 느낌을 받습니다.

그래서 '황순원문학촌소나기마을'은 경기도 양평군 서종면 수능리에 소나기마을의 배경 무대와 황순원 문학관 등이 조성되어 있습니다. 문학관에는 황순원 선

1 소나기 마을에 오면 반드시 기억해야 하는 단어. 개울가, 물장난, 조약돌, 징검다리, 텃논, 가을걷이, 허수아비, 새끼줄, 참새, 원두막, 참외, 수박, 들국화, 도라지꽃, 산마루, 송아지, 먹장구름, 원두막, 소나기, 초가집, 비안개….

2 소나기마을의 수숫단은 누구의 피난처를 제공하기 위해 만들고 있나요. 이제, 나는 당신의 살아있는 수숫단입니다.
ⓒ 황순원문학촌소나기마을

생의 유품과 작품을 소개하는 전시실이, 소나기 광장에는 노즐을 통해 인공적으로 소나기를 만드는 시설이 둥지를 틀고 있습니다. 또 징검다리, 섶다리 개울, 수숫단 오솔길 등 〈소나기〉의 배경을 재현한 체험장도 사람들의 발길을 이끌게 하고 있습니다.

이와 함께 황순원 선생의 다른 소설을 주제로 한 목넘이 고개, 학의 숲, 해와 달의 숲, 별빛 마당을 만들었고 사랑의 무대 등 부대 시설을 설치해 순수한 사랑을 그려보게 만듭니다.

자리를 뜰까 말까 하고 있는데, "쏴아~!"

드디어 물줄기가 터졌습니다. 이 마을의 가장 흥미로운 퍼포먼스 인공 소나기입니다. 그렇지요, 소나기는 갑자기 와야 제맛이지요. 잠시 방심하다가 떨어지는 비를 피해 서둘러 수숫단 안으로 숨은 아이들이 이곳저곳으로 뛰어다니면서 왁자지껄한 웃음 소리가 끊이지 않았습니다.

말 그대로 소나기…. 하지만 야속한 삶처럼 아주 짧은 시간에 지나가 버리고 말았습니다. 눈 깜짝할 사이에 지나간 비였지만 땡볕에 바싹 말랐던 마음까지 시원하게 적셔주는 듯합니다.

우리, 소나기를 맞으면서 수채화 같은, 아름다운 세상을 꿈꾸면 안 될까요. 산마루를 바라보니 하늘이 열리는 소리로 떠들썩합니다. 볕 좋은 날 아침 태양을 머금은 싱그러운 빛깔이 더없이 아름답고 평온합니다. 세상이 잘 그려진 한 폭의 수채화 같습니다.

들길을 걷다보니 어느덧 발길마저 향기로워집니다. 햇빛 밝은 날 눈감아도 보이는 다년생 꽃들은 한 송이만 피어도 들판의 주인이 됩니다. 창 밖의 세상이 참 좋군요. 풍경 속에서 만나봤던 수채화처럼 서정 맑은 영혼이 깃든 사람들로 넘쳐났으면 참 좋겠습니다.

　빗줄기 너머로 선명한 하늘을 바라보면서 행복한 꿈을 맘껏 꿔봅니다. 로커스트의 〈하늘색 꿈〉이란 노래를 아시나요. 어쩌면 노랫말처럼 꿈은 하늘색인지도 몰라요. 어릴 때 저도 그랬죠. 어른이 되어도 하늘빛 고운 눈망울을 간직하리라. 하지만 지금의 전 순수하지 않아요. 할 일, 안 해본 일없이 다 해보았으므로, 그 순수는 간이천리랍니다.

　그러나 마음속 기억들은 여전히 알싸하기만 합니다. 앞으로 간직하게 될 설레임에 부풀어 즐거운 하루를 맞이합니다.

　소나기마을의 징검다리를 싸부작싸부작 걸어보면서 먼 옛날의 '긴 머리 소녀'를 생각합니다. 오늘처럼 창문을 두드리는 빗소리가 들리면 떠오르는 달덩이 같은 그 얼굴. 바야흐로 예민의 〈산골 소녀의 사랑 이야기〉가 구곡간장을 갈기갈기 찢기웁니다.

　　풀잎새 따다가 엮었어요. 예쁜 꽃송이도 넣었구요. 그대 노
　　을빛에 머리 곱게 물들면 예쁜 꽃모자 씌워주고파. 냇가

에 고무신 벗어 놓고 흐르는 냇물에 발 담그고 언제쯤 그애가 징검다리를 건널까 하며 가슴은 두근거렸죠. 흐르는 냇물 위에 노을의 분홍빛 물들이고 어느새 구름 사이로 저녁달이 빛나고 있네. 노을빛 냇물 위엔 예쁜 꽃모자 떠가는데 어느 작은 산골 소년의 슬픈 사랑 얘기

말 한 번 제대로 건네 보지 못한, 가까이서 본 적도 없는, 이름도 모르는, 딱 한 번 먼발치에서 보기만 했을 뿐인 그 소녀. 왜 젊은 날에는 이처럼 가슴 시린 노랫말이 들리지 않았는지, 왜 순수함을 잃어버려야 했는지 안타까워하면서 눈부시도록 하얀 사랑 앞에 감사하고 미안할 따름입니다.

보고 싶은, 그리워하는, 무조건 주고 싶은, 존경하는, 무조건 믿어주는, 용서하는, 조건 없이, 이유 없이 그 사람의 행복을 기도하는, 그 사람의 행복을 기도하는 마음이 사랑이라면.

윤초시네 증손녀는 소나기 때문에 갑자기 불어난 개울가를 건너기 위해 소년의 등에 업혔지요. 병세가 악화된 소녀가 죽은 뒤, 그 소년은 어떻게 됐을까요. 소녀가 소년에게 던진 '조약돌'과 물장난하며

1 소녀가 소년을 처음 만났던 징검다리가 소나기로 인해 불어난 물살 속에 잠겨 있습니다. 살다보면 평온한 일상도 소중하지만, 갑작스러운 변화는 더 진한 흔적으로 다가옵니다. 모진 바람과 소나기가 휘몰아친 후 들불처럼 피워오르는 꽃을 그 누가 막으랴.

2 수숫단 사이에서 비를 피한 소년은 징검다리가 잠기자 소녀를 업고 개울을 건넜지요. 소년의 등엔 소녀의 체온이 남고, 스웨터엔 얼룩이 물듭니다. 충분히 아팠고 고통스러웠던, 누군가에게 말하고 싶지 않았던 그날, 꽃을 선물하는 꿈을 꾸었지요. ⓒ 황순원문학촌소나기마을

잡은 '비단조개'는 어디에 있나요. 그 소년은 지금도 소나기와 무지개를 하염없이 기다리고 있을까요.

　제아무리 맞아도 기분 좋은 소나기, 신나는 물벼락으로 인해 맑은 첫사랑을 당신에게 바치는 소나기마을의 하루해가 촛불처럼 짧습니다. 혹여, 첫 사랑이 소나기마을에 나타날까 하는 설레는 마음으로 두리번두리번 뒤를 돌아봅니다. 여름이 뜨거운 것은 불꽃 같던 첫사랑의 심지가 꺼지지 않아서가 아닐까요. 여름의 장마처럼 기나 긴 여운을 남기는 게 첫사랑의 매혹인가요.

후두둑. 후두둑. 쏟아지는 소나기를 맞는 순간, 잃어버린 동심이 생각나고 즐거움이 아름다움이 됩니다. 소나기 광장의 한가운데서 모든 감각을 동원해 이를 기꺼이 맞는 사람들은 피하지 못할 바엔 차라리 즐기는 것이 낫다는 생각으로 넘쳐나는 것일까요.

'수원8경의 하나' 화홍교

동정호의 물은 푸르기가 하늘 같고洞庭湖水碧如天

깊고 넓은 물 가운데 가을 달이 둥실 떴네秋川中浮況漾然

악양루에 올라 아득한 경치 바라보고好倚岳陽樓上望

낭랑하게 읊조리며 신성을 묻네朗唫詩過問飛仙

정조 임금이 세손시절 지은 소상팔경 시 중 『동정추월』이라는 시입니다. 수원 8경을 아십니까.

제1경은 '광교적설光敎積雪'로 광교산에 눈 쌓인 모습, 제2경은 '팔달청람八達晴嵐'이니 안개에 감싸여 신비로운 팔달산, 제3경은 '남제장류南堤長柳'로 긴 제방에 늘어선 버드나무, 제4경은 '화산두견花山杜鵑'이니, 화산에 사도세자가 잠들고 그 아드님이신 정조대왕 또한 유언에 따라 옆에 묻히셨으니 저승에 가서도 효성을 바치려는 뜻이 담겨 있습니다.

제5경은 '북지상련北地賞漣'으로 북쪽 연못의 흰색 붉은색 연꽃

용연에 여러 개의 달이 뜹니다. 하늘에 뜬 달이 용연과 술잔에 비치고, 다시 그 달이 당신의 눈동자에 뜹니다. 이에 질세라, 전 돌의 꽃담도 물결에 씻겨 내렸다, 흘렸다를 반복하고 있습니다. 달 하나에 사랑과 별 하나에 추억이 아롱거리는 오늘입니다. ⓒ 수원시청

이며, 제6경은 '서호낙조西湖落照'입니다. 아름다운 기생의 자태와 같은 여기산의 그림자가 수면에 잠겨있는 서호西湖는 수원의 눈썹으로 상징되며 중국 항주의 미목眉目보다 아름다운 곳입니다.

제7경은 '화홍관창華虹觀漲', 즉 화홍문의 비단결 폭포수입니다. 광교산 깊은 계곡에서 흘러 내려오는 수원천 맑은물은 화홍문 일곱 수문의 폭포수가 되어 무지개빛으로 부서져 내립니다. 흰 비단결 같은 물안개를 일으키며 흘러내리는 수원천의 일곱 물줄기는 천변의 수양버들과 더불어 절경입니다.

제8경은 '용지대월龍地待月'이니 용지에서 월출을 기다리는 경치로, 용지龍池는 '방화수류정' 아래 연못을 말하며, 화홍문과 더불어 승경을 이룬 곳입니다.

방화수류정은 정명도의 시 『운담풍경오천(雲淡風經午天), 방화류과전천(訪花隨柳過前川)』에서 따왔습니다. 맑은 구름 가벼운 바람으로 인해 하늘이 가까이 있네요. 꽃을 찾아 버들을 따라 당신과 냇물을 건너고자 합니다.

두 마리 토끼를 모두 잡다

성곽이란 적의 침입에 대비해 효과적인 방어를 하기 위한 시설물로서 이에 유리한 지형에 구조물을 세웠습니다. 처음에는 산꼭대기에 성벽을 두른 퇴뫼형이 주로 축조되다가 차츰 규모도 커지면서 계곡을 포함한 포곡형 산성으로 발전하게 되었습니다.

산성뿐 아니라 규모가 큰 도성과 오늘날 시가지의 중심이 된 읍성의 경우, 계곡이나 하천을 성 안에 갖기 마련입니다. 외적을 막고 성벽을 연결하기 위해 수로에 대한 대책이 필요한 것이죠. 그래서 산꼭대기를 둘러싼 성곽에서는 성 안의 물이 빠져나갈 간단한 수구를 군데군데 만들어 두었습니다.

그러나 규모가 큰 산성이나 도성 등지에서는 수문을 설치해 성벽을 연결시키고 외적의 잠입을 막기 위한 방법이 동시에 해결되어야 했습니다. 이러한 목적에서 발생한 것이 성곽의 수문 형식 다리입니다. 단순히 물이 빠져나가는 기능 말고도 수문을 설치해 적이 들어오지 못하게 하고 물을 따라 들어오는 적을 감시하기 위한 감시 역할도 했습니다.

한편 성곽의 다리는 윗부분의 연결 기능 말고도 성벽을 주변과 같이 쌓아 올려야 했기 때문에 일반적인 다리보다 튼튼한 구조여야 했습니다. 그러므로 이러한 다리의 형태는 대부분 홍예교가 차지하고 있습니다.

'화홍문'이 이의 대표적인 예가 될 수 있습니다. 수원 화성의 홍수를 대비해 1794~1795년에 세웠으며, 수원천을 가로질러 세워져 흐르는 수원성이 관통하도록 만들어졌습니다. '화華'자는 화성을 의

미하고, '홍虹'자는 무지개를 뜻합니다. 원곡 김기승이 쓴 화홍문 글씨 바로 아래 무늬는 화려함의 극치를 이룹니다. 빗물이 배수될 수 있도록 7개의 홍예문이 있고, 남수문과 달리 북수문 위에는 누각이 있습니다.

화홍교의 바깥쪽의 홍예는 물의 저항을 적게 받기 위해 기반석을 45도로 다듬고 그 위로 이를 들어 올렸습니다. 설치 목적에 맞게 평상시에는 수문 및 교량의 역할을 하고 있지만, 비상시에는 군사시설로 활용할 수 있도록 총안과 포혈을 갖추어 설계돼 실용성도 갖추고 있습니다. 또, 아름다운 외관이 조화된 화성 성곽의 대표적인 시설물 중 하나이기도 한 바 수원 8경 중 하나로 꼽힐 정도입니다.

화홍문 위쪽에 자리한 방화수류정은 경기 수원시 팔달구 매향동 151번지에 위치한 보물 제1709호로 조선 1794년에 건립됐습니다. 화성의 동북각루로 전시용戰時用 건물이지만 특히 다른 정자에서 보이지 않는 독특한 평면과 지붕 형태의 특이성은 18세기 뛰어난 건축기술을 보여주는 귀중한 자료입니다.

화홍문의 화홍교 아래로 거울같이 맑은 물에는 공중에 달이 뜨면 물속에 달이 잠겨 있고, 공중의 무시무종의 무늬도 달빛 아래 서로 만나 출렁거립니다. 수문을 통해 쏟아지는 물보라에서 피어나는

무지개빛이 화홍문을 한층 아름답게 하는 바, 이를 두고 '화홍관창'이라고 해서 수원8경의 하나로 꼽힘을 이제야 비로소 알 것도 같습니다.

'방화수류정'의 그림자가 수면에 떠오르면 무아경을 이룹니다. 수면에 떠오른 달을 보며 정자에서 마시는 술맛의 취흥은 가히 풍류의 최고라 할 만합니다. 잔에 술을 붓는 순간 다 마실 때까지 놓을 수 없음은 왜일까요.

북한산 자락 부암동 계곡에 위치한 세검정

또 다른 성곽의 다리, 홍지弘智수문은 종로구 홍지동 산 4번지와 136번지 사이의 세검정 길가 홍제천 위에 걸쳐진 5칸으로, 홍지문과 탕춘대성으로 알려져 있으며, 성벽의 일부인 성곽의 다리로 구조됩니다.

이는 성문에 잇대어 개천 위를 5칸의 수문으로 연결시켜 놓았습니다. 다리 길이 26.7m, 폭 6.8m이며 각 수구의 홍예틀은 폭 3.7m, 높이 2.7m의 규모입니다.

현재의 수문과 홍지문은 1921년 홍수로 훼손된 것을 1977년 복원했습니다. 원래 이 수문과 홍지문의 설치 시기는 1715년으로 축성 당시에는 북쪽을 호위한다는 뜻으로 한북문이라 하던 것을 그 뒤 숙종이 친필로 '홍지문' 편액을 써서 달아 지금처럼 부르고 있습니다.

이 수문 다리 위에는 여장을 쌓아 성벽의 기능을 하도록 했고 홍제천 물의 흐름에 잘 조화되게 한 아름다운 성곽의 다리로 평가되며, 홍예틀마다 괴면을 설치해 잡귀와 외적을 막고자 조각을 장식합니다.

세검정洗劍亭은 조선조 숙종 때 북한산성을 축조하면서 군사들의 휴식처로 세웠다고도 하며, 연산군의 유흥을 위한 수각으로 세웠다고도 전합니다.

이 정자를 세검정으로 부르게 된 것은 1623년에 인조가 능양군綾陽君으로 있을 때, 이곳에서 광해군의 폐위를 의논하고 칼을 갈아 날을 세웠다고 해서 그 이름이 유래되었다고 합니다. 하지만 불의를

무찌른 정의의 칼을 깨끗이 씻어 칼집에 넣고 평화를 구가하는 찬미의 상징으로 이룩된 정자라고 볼 수 있습니다.

미적 풍광을 지닌 당대의 대표적 시설물로 홍예에서 쏟아지는 장쾌한 물보라가 잘 어우러져서 '화홍관창(華虹觀漲)'이 됩니다. 아름다운 무지개 수문 '화홍문'이 당신의 옥같은 마음을 훔쳐가고 있습니다. ⓒ 수원시청

정조의 효심이 깃든 안양 만안교

　옛사람들은 처서가 지난 요즘처럼 온도차가 심한 날이면 의관을 정제한 채 아침저녁으로 부모에게 '혼정신성昏定晨省'을 실천했습니다. 이 말은 겨울에는 '따뜻하게溫 여름에는 시원하게淸 해드리고, 밤에는 이부자리를 펴고定 아침에는 문안을 드린다省'는 '온청정성溫淸定省'과도 뜻이 통합니다. 또, 겨울에는 따뜻하게 여름에는 서늘하게 한다는 '동온하청冬溫夏淸'도 『예기』에 나오는 말로, 그 맥이 엇비슷합니다. 그래서인가요, '효도 효孝'자는 자식이 늙은 어버이를 부축하여 업고 가는 모습을 본뜬 글자입니다.

　어쨌든, 효사상이 가장 중요한 도덕 규범으로 정착될 당시엔, 부모를 대하는 얼굴 가짐을 중시했습니다. 부드러운 얼굴빛으로 부모를 섬겨야 했지만 인간인지라 그것이 도통 쉽지 않은 일이라서 '색난色難'이라고 했고, 또 부모의 잘못을 보면 '간언諫言'은 하되 뜻은 거역하지 않으며, 부모가 돌아가시면 3년간 그들의 평소 생활 습관마저 바꾸지 않고 지켜내야만 했습니다.

　전철 1호선 관악역 1번출구로 나가 안양역 방향으로 조금 걸어 올라가면 아치형으로 되어 있는 돌다리를 만날 수가 있습니다. 바로 안양의 자랑거리이자 안양8경 중 하나인 만안교인데요. 경기도 유형문화재 제38호로 조선시대 제22대 임금이었던 정조대왕이 수원 화성으로 갈 때 건넜던 돌다리로, 그의 효심이 엿보이는 상징물에 다름

아닙니다.

　세계문화유산에 등재된 수원화성을 통해서도 정조의 효심을 잘 알 수가 있습니다. 정조는 아버지 사도세자의 묘를 양주 배봉산에서 수원 화산으로 모시고 현륭원顯隆園이라고 했는데요. 이는 왕실의 융성을 기원하는 뜻이 담겼다고 합니다.

해와 달은 언제나 빛나고 봄, 여름, 가을, 겨울 등 사계절은 끊임없이 순환하고 있습니다. 이내 구름이 덮이니 바람이 움직입니다. ⓒ 안양시청

　정조는 음식을 먹으면서 백성을 생각하고 나랏일을 생각하며 평생을 하루에 2끼만 먹었다고 합니다. 백성들이 비단옷을 입을 때까지 삼베옷을 입겠다고 고집했던 임금이었습니다. 백성을 아끼고 사랑하는 만큼 아버지 사도세자를 향한 그리움과 효심이 가득했던 정조이기도 한 것이죠.

정조의 효심이 느껴지는 지지대 고개

　지지대 고개를 아십니까. 수원과 의왕 경계를 이룬 곳으로 예전 명칭은 사근현沙斤峴이었으며 또는 미륵댕이 또는 미륵당 고개로 불렸으나 지금은 '지지대 고개'로 불립니다. 느리고 더딜 '지遲'자를 쓴 지지대는 정조대왕이 아버지 사도세자의 능을 참배하기 위해 지나고 돌아오던 언덕에 위치합니다.

화산의 현륭원 참배를 마치고 서울로 돌아올 때는 아버지를 그리
워하는 마음에서 이 고개에서 어가를 멈추어서게 하고 한참을 머무
르며 부친의 묘역이 있는 화산을 바라보며 눈물을 흘렸다고 합니다.

　　또 어가에 올라서도 화산이 보이지 않을 때까지 눈을 돌리지 않
아 행차가 자꾸 늦어져 이 고개를 느리고 '더딜지遲' 두 자를 붙여
'지지대遲遲臺고개'로 부르게 되었습니다.

　　현재 지지대고개에서는 1807년 순조의 명을 받아 홍문관 제학
서영보가 비문을 짓고, 윤사국이 글씨를 쓴 '지지대비碑'를 만날 수
있습니다.

　　정조가 사도세자 묘인 현륭원을 참배하러 가는 길은 원래 노량진
을 통해 과천으로 넘어가는 길이었습니다만, 그 길목에 아버지 사도
세자를 처벌하자는 김약로의 묘가 있어 이를 피하려고 시흥을 거쳐
수원으로 향하는 길을 택하면서 안양천을 지나게 되었다고 합니다.
왕의 행차로는 나무다리를 가설했다가 행차가 있은 뒤에는 바로 철거
하고, 있을 때 다시 가설하곤 했는데요.

　　다리를 놓았다 헐었다 하는 번거로움
과 다리를 이용할 수 없는 백성들의 고충
이 있어 영구적으로 사용할 수 있는 돌다
리 만안교萬安橋를 1795년에 놓게 되었

다고 합니다.

당시 경기도 관찰사 서유방이 왕명으로 3개월 공사 끝에 만안교를 완성했는데요. 만안교가 있던 자리는 지금 있는 곳에서 약 460m 떨어진 석수로 교차 지점에 있었습니다. 1980년 국도 확장을 하면서 이곳으로 옮겨 복원했다고 합니다. 만안교의 규모는 원래 길이 약 30m, 폭 약 8m, 높이 약 6m이고 홍예수문虹蜺水門이 5개라 했는데, 현재는 홍예가 7개인 것으로 보아 변경이 있었던 것으로 생각됩니다.

만안교는 수원화성 화홍문이 연상됩니다. 반달 모양의 7개 수문이 닮은꼴인데요. 수원화성에 있는 홍예는 화홍문을 받치는 수문이지만, 만안교는 교량으로서 전용 다리인 점이 다릅니다.

만안교를 밟으면 풍년이 들고 농사일을 해도 몸이 아프지 않다

만안교에서는 매년 정월 대보름이 되면 안양의 대표적인 민속놀이로 다리밟기 행사가 열립니다. 만안답교놀이라고도 하는데요. 1920년대까지 이 놀이를 즐겼지만, 그 후로 사라졌

1 정조대왕이 만들고 백성이 거닐던 만안교. 만안교비가 장승처럼 우뚝 서 있습니다.

2 홍예는 정교하게 다듬은 장대석을 써서 반원형을 이루고 있으며, 큰물이 질 때 물살에 바닥이 파여 교각이 붕괴되는 것을 예방하기 위함입니다. 또, 물이 흘러드는 북쪽의 받침돌을 마름모꼴로 앉힘으로써 그 저항을 최소화하는 등 전체적으로 축조 양식이 매우 정교해 조선 후기의 대표적인 홍예 돌다리입니다.

3 만년 동안 튼튼히 서 있으라고 해서 이름이 붙여진 만안교는 2006년 한국의 아름다운 길 100선에 선정되었습니다. ⓒ 경기도청

다 다시 안양대보름축제를 통해 재현되고 있습니다.

만안교의 홍예문은 장대석을 이용해 아치 모양 이루고 그 위에 화강암 판석과 장대석으로 상판을 깔았습니다. 하천 바닥에도 다리를 보호하기 위해 판석을 깔았다고 합니다. 만안교 바로 옆으로는 자그마한 소공원도 자리하고 있습니다. 공원이라고 해야 아이들의 놀이시설 기구가 전부인데요. 그 옆으로 고풍스럽게 자리잡은 만안정이 멋쩍어 보이기도 합니다.

다리 남쪽 측면에 축조 당시에 세운 비석, 이른 바 만안교비는 상상의 동물로 만든 귀부와 그 위에 축조이야기를 새긴 비신, 그리고 비신 위에 얹은 지붕돌 '가첨석'으로 이루어져 있습니다.

전형적인 조선후기의 석비 양식이라고 하는데요. 상상의 동물을 표현한 귀부는 사악한 기운을 막으려고 과장되게 표현되었습니다. 만안교는 돌다리이면서 물줄기만 통과시키는게 아니라 마지막 수문은 삼막천에서 안양천으로 이어지는 산책로 공간으로 시민들이 직접 걸으며 드나들 수 있도록 되어 있습니다. 옮기고 복원하면서 생겨난 현상일텐데요. 굴다리를 통과하듯 지나갈 수 있는 만안교입니다.

200년 전, 새로운 조선을 꿈꾸며 이 다리를 건넜던 정조는 안타깝게도 자신을 꿈을 이루지 못하고 갑작스러운 죽음을 맞이합니다. 49세가 되던 1800년에 갑작스럽게 세상을 떴습니다. 5월까지만 해도 건강했던 왕은 6월 10일경에 생긴 종기로 인해 건강이 급격히 악화되어 27일쯤에는 거의 의식을 잃는 정도가 되었고 급기야 28일에 숨을 거두고 말았습니다.

정조의 죽음은 모든 일의 중지를 뜻합니다. 1804년, 세자가 15세가 되고 혜경궁의 칠순이 되는 갑자년에 왕위를 물려주고 자신은 화성에 머물고자 구상했으나 그 모든 계획이 물거품으로 남았습니다.

정조의 개혁 실패는 조선의 개혁 실패였고, 그의 죽음은 조선의 죽음이었습니다. 정조가 죽은 이후 조선은 패망의 길로 들어섰습니다. 그가 죽고 조선이 망하는 데 걸린 시간은 정확히 100년이었습니다.

정조가 죽으면서 그의 개혁 정치는 수포로 돌아갔어도, 끝내 사라지지 않았습니다. 그 증거는 곳곳에 남아 있고, 그중 하나가 바로 만안교입니다.

만안교를 바라보며

지팡이는 썩은 나무로 만들지만 노인, 장애우, 등산가, 여행가 등이 사용하는가 하면 신분이 높은 사람의 권위의 상징 혹은 호신용으로도 사용합니다. 대나무와 오동나무 지팡이는 상주들이 사용합니다. 아버지가 돌아가신 경우, 자식을 기르느라 속이 비어서 대나무를, 어머니가 돌아가신 경우, 자식들이 속을 태워 속이 찼기 때문에 오동나무를 짚습니다.

가톨릭의 목장은 모세와 아론의 지팡이를 모방한 것으로 높은 권력과 사목자를 상징합니다. 석장은 스님 누구나가 지니는 지팡이이며, 쇠고리가 6개인 육환장은 땅을 짚을 때마다 울리는 쇳소리로 주위를 경계하려는 뜻이 담겨 있습니다. 비둘기 장식을 새긴 임금의 하사품 구장은 비둘기가 모이를 쫄 때 목이 메이지 않듯 노인이 음식을 먹을 때 부드럽게 잘 삼켜 넘기라는 뜻을 가지고 있습니다.

박근혜 대통령이 청와대에서 '노인의 날 기념 전국 어르신 초청

오찬'을 통해 100세를 맞은 노인들에게 '청려장靑藜杖'을 수여했습니다.

청려장은 명아주라는 풀의 줄기로 만든 가볍고 단단한 지팡이로, 건강과 장수의 상징입니다. 통일신라시대부터 장수한 노인에게 왕이 직접 청려장을 하사했다고 전해지며, 이 전통이 이어져 매년 '노인의 날'이 되면 그 해 100세를 맞는 노인에게 대통령이 수여하고 있습니다. 정조가 만든 지팡이, '만안교'가 요즘따라 생각이 남은 왜 일까요. 예나 지금이나 피그말리온효과처럼 무언가를 간절히 바라면 결국 그 소망이 이루어지는 일로 가득 차 있습니다.

청계수 햇빛도 달빛도 흐르는
서울 청계천의 다리

힘든 산행 중에 혹은 산행을 하고 나서 옹달샘처럼 시원한 물은 만나면 구세주를 만난 것처럼 반갑습니다. 목을 축이기도 하고, 물의 양이 많으면 수건에 축여 땀을 닦기도 합니다. 정말 고마운 물입니다. 생명을 지닌 한 누구나 물을 마시지만 그 근원을 제대로 알고 마시는 사람들이 많지 않습니다.

음수사원飲水思源, 샘을 알고 물을 마시라는 말입니다. 중국 남북조시대, 유신이 이웃나라에 사신으로 파견됐는데, 그사이에 자기 나라가 망해 버려 낯선 타국에 눌러앉게 됐습니다. 높은 벼슬을 받았지만 그는 늘 고향을 그리워했습니다.

과일을 먹을 때는 그 열매를 맺은 나무를 생각하고落其實 者思其樹

1 사람이 하나에 집착하면 미치는 것이고, 사물이 한 곳에 고이면 썩게 됩니다.

2 유연한 사고는 흐르는 물처럼 또 흐르는 구름처럼 막힘이 없이 점점 유연해지고, 나중에는 한 곳에 머물러도 늘 물이 되고, 구름이 되어 이 세상 어디든 흘러가리라.

물을 마실 때는 그 물의 근원을 생각하네飲其流者懷其源

음수사원은 음수지원飲水知源이라고도 하며, 사람이라면 모름지기 그 근본을 잊지 말아야 하는 것임을 일깨우는 말이 더욱 분명해 보입니다. 비록 남의 나라에 사신으로 왔다가 조국은 멸망되고 억류된 신세가 되었지만 그는 한시도 고향을 잊은 적이 없었던 것입니다.

이 말은 김구선생의 좌우명으로 했던 이야기로 더욱 유명합니다. 오늘의 내 자신이 존재하는 것은 스스로가 잘났기 때문이 아니라 근본 뿌리가 있기 때문이라는 것을 기억하자는 것입니다.

오늘날 우리가 편안한 집에서 맛있는 음식을 먹으며 살 수 있는 것 역시 그 근본을 찾아 올라가 보면 이 나라를 있게 만든 김구선생 같은 사람들이 많이 있었음을 알게 되고, 또 돌아보면 나 자신이 어떤 자세로 살아 가는 것이 바람직한가를 깨달을 수 있습니다.

특히 요즘처럼 기본과 기준을 상실한 현실에서는 더욱 근원을 생각하고 원리 원칙을 지키는 일이 중요한 것은 아닐는지요.

음수사원이라는 말은 여러 가지 다른 용도로 쓰이고 있습니다. 상황에 따라 "네 월급 주는 사람이 누군지 생각하라"는 발목을 잡

청계천이 복원된 후, 많은 관광객들이 이곳을 방문하고 도심에서 자연을 즐기는가 하면 더러 이를 부정적인 시각으로 보는 사람들도 있습니다.

는 경고가 될 수도 있고 "이런 물을 마시면서 이렇게 행동해서는 안 된다" 또는 거꾸로 "이런 물이라면 마셔서는 안 된다"는 자기 규율이 될 수도 있습니다.

어떤 물이냐에 따라 다르겠지만 핵심은 '무엇이든 생각 없이 받아 마시지 말라'는 것입니다. 최소한 약수인지 독극물인지 살피라는 이야기입니다. 그게 바로 참다운 자존심은 아닐는지요.

오늘날에 모두가 마실 물을 찾아 난리법석을 떨지만 정작 그 근원을 숙고하고 행동하는 사람은 많지 않아 보입니다. 나의 근원은 어디이고, 어디까지 인가요. 기쁨의 근원도, 슬픔의 근원도 항상 내 마음입니다. 만법의 근원이 바지런한 일심 心인 까닭입니다.

지금은 내가 변화해야 할 순간입니다. 청계천 인근의 전통 찻집에서 '쌍희囍'자 선명한 하얀 보시기 속 차가운 물 한 잔에 사랑하는 마음, 그득 담아 살짝이 내려놓고 갑니다.

청산리 벽계수야 수이 감을 자랑마라

청산 속 맑은 물아 靑山裡碧溪水

수이 흘러감을 자랑마라 莫誇易移去

한번 푸른 바다에 가면 돌아오지 못하노라 一到滄海不復還

밝은 달빛 빈 산에 가득하니 明月滿空山

잠시 쉬었다 가면 어떠하리오 暫休且去若何

황진이의 「청산리 벽계수야 쉬이 감을 자랑마라」는 시조는 인생

무상에 대한 극복을 주제로 한 작품입니다.

'청산'은 영원히 변함없는 자연을 나타내며, '벽계수'는 순간순간 쉬지 않고 변해가는 인간의 삶을 뜻합니다. 한번 늙어 이 세상을 떠나면 다시 어쩔 수 없는 것이니, 잠시라도 영원을 간직하는 마음으로 살아가자는 내용입니다. '벽계수'는 맑은 시냇물과 왕족인 벽계수를, '명월'은 밝은 달과 황진이 자신을 의미하는 중의법으로 사용됩니다.

말 그대로 높은 산에서 가파른 경사를 두고 흐르는 물인 '벽계수'는 중력 가속도에 의해서 돌부리에 걸리는 마찰은 있을지언정, 쉼 없이 흘러내려 바다에 이르러서야 비로소 쉴 수 있도록 신이 창조한 대로의 물리적 속성을 지니고 있습니다.

이를 어기고 무논에 물이라도 대려고 어느 농부가 막아놓기라도 한 둔덕에 기대어 어느 일점에서 머무르게 된다면, '고인물을 썩는다'는 또 하나의 명제대로 1급수는 2급수로 혹은 3, 4급수로 썩게 될 게 명확합니다.

그렇다면 만일, 명월 황진이가 쉬어가는 게 어떻겠는가를 받아들여, 서화담이 거기 머물렀더라면, 머무는 순간 물의 급級수는 변하여, 마실 수 없는 물이 되었을 것이며, 학자도 아니고 스님이었다면 이미 땡중이 되었을 것이란 생각을 해보게 됩니다.

그렇다면 '수이 감이 타고난 속성이면 계속 수이 가야 하는 게 맞는 이치'로 그 진리는 예나 지금이나 변함이 없는 생각으로 이어집니다. 바로 그 벽계수가 오늘의 청계수가 아닐까 라는 생각을 해봅니다.

얼마나 물이 맑았으면 '청계천'이라고 했을까요?

서울의 청계천 아래로 물고기들이 자유자재로 헤엄을 칩니다. '맑을 청淸', '시내 계溪'자를 써서 맑은 시내라는 뜻을 담고 있어서 인가요, 참으로 청아합니다. 산과 강을 한꺼번에 거느리는 도성이 흔치 않거늘, 여기에다 맑은 시내까지 곁들였으니 서울은 참 복이 많은 도시인 셈입니다.

> 황화천에 간다하고 이르고서 나섰거니 갈 때마다 찾는 것
> 은 청계중의 물이로다.
> 산을 따라 굽이굽이 수만번을 돌고도니 길도 따라 끊임없
> 어 백리길이 아니런가.
> 난석중의 흐르는 물 쿵쿵콸콸 시끌하지만 고요하고 깊은
> 색에 푸른솔이 담겨있고,
> 남실남실 떠다니는 마른 풀이 가득하나 맑고 맑아 갈대밭
> 이 아롱거리며 드러나네.
> 내 마음이 소박하여 한가롭게 되어지면 청계천과 다름없이
> 담백하지 않겠는가.
> 반석 위에 머물라고 찰랑찰랑 나를 부르나니 낚싯대를 드
> 리우고 오래도록 함께하리.

이는 중국의 시인 왕유의 「청계靑溪」란 작품입니다. 황화천黃花川과 청계靑溪는 섬서성陝西省의 하천 이름이지만, 황색과 청색의 대비가 재미있어 보입니다. 황색은 중국 황제의 색으로 권력과 재물을 상징하

는 색으로 세간 색이고, 청색은 세속을 떠난 출세간을 상징합니다.

'황화천에 간다고 하고 이르고서 나섰거니, 갈 때마다 찾는 것은 청계중의 물이로다'는 세속적 욕망의 갈등 속에서 왕유가 거사로서의 마음을 진솔하게 표현하고 있습니다. 황화천과 청계 모두 이름난 명승지가 아니었다고 하는데도 시인의 눈에 비친 모습은 여느 명승지 못지 않습니다. 산수라는 외경에 휘둘리지 않는 시인의 마음이 이미 선의 경지에 들어 있기 때문이 아닐는지요.

'내 마음이 소박하여 한가롭게 되어지면, 청계천과 다름없이 담백하지 않겠는가'는 욕심을 버리고 소박하게 살고, 마음을 여유롭게 살면, 어찌 새로운 세상을 만나지 않겠는가? 마음의 거울이 맑지 못하면 승경조차 비쳐낼 수 없고 마음이 거울이 맑으면 비치는 모든 것이 승경이 되는 법일 터입니다. '반석 위에 머물라고 찰랑찰랑 아를 부르나니, 낚싯대를 드리우고 오래도록 함께 하리'는 '이 마음을 반석같이 앉아 무엇을 낚시하려는가'의 의미입니다.

우리네 삶이란 낚싯대 드리우다 곱게 떠나는 것. 그래서 중국의 화가 '원영'은 이를 축약해 '청계수조清溪垂釣'로 표현합니다. 청계천에서 한가로이 낚싯대를 드리울 수 있다면 얼마나 좋을는지요.

애사당초 '청계천'이라는 이름은 상류에 흐르던 '청풍계천清風溪川'에서 유래합니다. 하지만 청계천이 아름다움을 잃게 된 것은 오로지 사람들 때문이었습니다. 맑은 물과 생활하수가 함께 흐르는 개천으로 바뀌게 되더니만 토사가 쌓이면서 하상이 높아져 매년 여름만 되면 범람과 침수가 되풀이되면서 그 피해가 심각했습니다.

바람은 불고 싶은 대로 붑니다. 물은 거침이 없고, 산은 말이 없습니다. 윤슬은 거스르지 않고, 구름은 부딪치지 않습니다. 불은 태워야 하고, 별은 빛나야 합니다. 추녀 끝에 대롱대롱 매달린 풍경은 바람이 불지 않으면 결단코 소리가 나지 않습니다.

언제나 아름다운 것은 조용하게 자랍니다. 젖은 목소리도 향기로운 꽃이 핍니다. 가을 하늘 밤은 낮보다 더 아름답습니다. 하루에도

3

1 '운수납자(雲水衲子)', 구름이 흐르고 물이 흐르듯, 얽매임도 없고 머무름도 없이 유연한 사고를 가질 수 있다면 얼마나 좋을까요?

2 1760년 경진년에 공사가 끝나 땅을 평안히 했다는 의미입니다. '경진지평'이 새겨져 있습니다.

3 요즘 우리네는 지나치게 집착이 많아진 것 같고, 편견도 심해진 것 같습니다. 한 곳에 너무 오래 머물러 씨름을 하는 자신을 돌아보는 일이 많기 때문입니다.

몇 번씩 하늘을 봅니다. 하늘처럼 살려구요. 하늘을 닮으려구요. 하늘을 담으려구요.

강물처럼 잔잔한, 바람처럼 싱그러운, 사과처럼 상큼한, 배처럼 시원시원한, 아침의 향기 같은 사람, 하늘같은 사람은 어디에 있나요? 하지만 비가 내리지 않은 하늘은 없습니다. 꽃이 피면 보고 싶고, 꽃이 지면 그립습니다. 하지만 지는 꽃은 바람을 탓하지 않습니다. 아무리 고통스럽고 아프다 할지라도 앉아 있는 그 자리가 꽃자리입니다.

앉아 있는 그 자리에서 늘 반갑고 고맙고 기쁘게 살아가야지. 어디를 가더라도 가시방석이 꽃방석이 되고, 진자리가 마른자리가 됩니다. 힘든 자리가 언제나 꽃자리가 되게 하고 싶습니다. 가을의 꽃은 져도 향기를 남깁니다.

청계천은 이제 겨우 제 길을 찾았을 뿐입니다

청계광장에서 시작해 고자산교까지 5.8km의 길이에 이르는 청계천 다리는 모전교, 광통교, 광교, 장통교, 삼일교, 수표교, 관수교, 세운교, 배오개다리, 새벽다리, 마전교, 나래교, 버들다리, 오간수교, 맑은내다리, 다산교, 영도교, 황학교, 비우당교, 무학교, 두물다리, 고산자교 등 모두 22개가 있습니다. 이 가운데 차도와 인도가 병행한 다리는 10개이고, 인도 전용으로 이용되는 다리는 12개가 있습니다.

첫 번째 다리가 모전교입니다. 길모퉁이에 자리하고 있는 과일을 파는 과전을 모전이라고 불렀는데, 이 다리가 바로 그 부근에 있었으므로 이름했습니다.

이어 만나는 광통교는 서린동 124번지 부근에 있었던 다리입니다. 옛부터 서울에서는 큰 다리로 알려져 정월 대보름이 되면 도성의 많은 남녀가 이곳에 모여 답교놀이를 하던 곳으로 유명합니다.

박지원의 소설 『마장전』에는 미천한 송욱, 조탑타, 장덕홍이라는 세 명의 걸인이 광통교 위에서 벗을 사귀는 도道에 대해 이야기를 하구요. 또, 이곳에선 조선 후기의 직업적인 낭독가, '전기수傳奇叟'들의 활약이 대단했습니다. 『추재집秋齋集』의 「기이편紀異篇」에 나옵니다.

전기수는 동문 밖에 살았다. 언과패설諺課稗說인 숙향전, 소대성전, 심청전, 설인귀전 등과 같은 전기傳記를 읽었다. 매월 초하루는 청계천 제1교 아래에 앉고, 2일은 제2교 아래에 앉고, 3일은 진고개泥峴에 앉고, 4일은 교동 입구에 앉고, 5일은 대사동大寺洞(현 인사동)입구에 앉고, 6일은 종루鐘樓 앞에 앉았다. 이렇게 거슬러 올라갔다가 7일째부터는 다시 내려오고, 내려왔다가는 다시 오르고 하여 한 달이 차면 다음 달에 또다시 반복했다.

광통교에 아주 낯선 '경진지평庚辰地平'이란 말이 보입니다. 경진庚辰년은 1760년을 말합니다. 영조는 연인원 무려 약 21만 5,380명을 동원해 사업을 벌입니다. 이 말을 새긴 것은 개천開川을 말끔히 파낸 것도 좋지만 유지 보수를 게을리하면 토사가 쌓일 것 아닙니까.

따라서 우선 다리에 이 글귀를 새겨 놓고, 앞으로 개천 관리 시 그 글자가 다 보여야만 한다는 뜻이 있습니다. 1420년으로 당시 이곳에 마전이 있어 마전교라고 불렀으나, 1441년에 다리 옆에 개천의 수위를 측정하기 위해 수표석을 세운 이후 수표교로 통칭하고 있습니다.

교량이 관광 자원이자 사람들이 찾는 명소가 되기 위해서는 우선 이런저런 '이야기'를 담아야 합니다. 조선의 태종과 태조의 두 번째 부인인 강씨의 이야기를 담고 있는 광교나, 단종과 정순왕후의 애절한 이별을 한 영도교, 김두환의 환상적 활약상으로 유명한 수표교 등은 별달리 마케팅을 하지 않았어도 이미 유명하게 알려져 있습니다.

『채근담』에 나오는 구절입니다.

시끄러운 곳에 처해 있으면서도 정적을 보는 맛을 얻어야 할 것이요, 강물이 깊고 클수록 모든 것을 포용하고 파열음 없이 조용히 흐릅니다. 구름은 제아무리 높은 산이 가로막아도 제 몸을 열어 유유히 흘러갑니다.

막히면 소리 없이 돌아가는 강물과 구름처럼 우리의 삶도 그렇게 흘러야 합니다. 그릇이 큰사람일수록 주변의 작은 일에 '일희일비—喜—悲' 하지 않고 묵묵히 자기 일에 전념하는 것과 일맥상통합니다. 흐르는 청계수 햇빛도 달빛도 인간의 마음도 흐르되 꽃도 피어 있어야 아름답고, 물도 흘러가야만 맑아지는 이치가 생각나는 오늘에서는.

어차피 '무無'로 태어나 '유有'로 살다가 다시 '무無'로 가는 인생길이기에 높은 산이 가로막는다 해도 두려울 것이 없지 않나요. 우리는 물처럼 아래로 흘러가야 합니다. 청계천이라서 청계수가 흘러가야 합니다. 우리네 삶이 청계수처럼 하염없이 미지의 세계로, 또 쉼없이 흘러가면 얼마나 좋을까요.

경
상
도

꽃가마 타고 들어왔다 상여 타고 나가는 무섬의 외나무다리

마음을 이어주던 흔적의 끈 주남돌다리

꽃가마 타고 들어왔다 상여 타고
나가는 무섬의 외나무다리

영주 무섬의 외나무다리에서 제멋대로 만든 종이배를 보니 강물 위에 띄우고 그 안에 편지를 쓰고 싶습니다. 내가 좋아하는 사람들에게 그 편지가 갔으면 좋겠습니다. 백지를 뒤집어 종이배 하나를 만드니 책갈피 항구마다 들어선 작은 배는 드넓은 망망대해로 꿈을 찾아 떠납니다.

기껏 종이배 하나 뜰 얕은 물도 마련하지 못하면서 소란만 피우지 않았는지도 돌아보곤 합니다. 언제나 흘러가고 흘러가는 시간 속에서 하나하나의 종이배를 띄우곤 합니다. 그래서 매일 매일, 종이배를 타고 상상의 바다를 탐험하며 살고 있는지도 모릅니다.

수심강정水深江靜, '수심이 얕은 물은 소리가 나게 흐르지만 깊은 강물은 소리 없이 흐릅니다.' 지금은 잠시 나를 내려놓고 세상을 잊는, 무념무상의 시간입니다.

복사꽃을 보면 아주 오래전에 최무룡, 김지미 주연의 1962년 영화 〈외나무다리〉와 영화 주제가가 떠오릅니다. 강 언덕 위에 만개한 복사꽃과 저 멀리 강 위에 보이는 외나무다리가 정겹고 우리들의 고향을 생각게 합니다. 최무룡 씨가 불러 장안의 화제가 되기도한 반야월 작사, 이인권 작곡의 〈외나무다리〉란 노래입니다.

복사꽃 능금꽃이 피는 내 고향

만나면 즐거웠던 외나무 다리

그리운 내 사랑아 지금은 어데

새파란 가슴속에 간직한 꿈을

못 잊을 세월 속에 날려 보내리.

영주 무섬은 현재 경북 영주시 문수로에 위치하고 있으며 중요민속문화재 제278호로 조선 중기 17세기 중반 입향 시조인 박수와 김대가 들어와 자리를 잡은 이래 반남박씨와 선성김씨의 집성촌으로 유서 깊은 전통마을입니다.

무섬은 물 위에 떠 있는 섬을 뜻하는 수도리水島里의 우리말 이름으로, 3면이 내성천과 접해있는 전형적인 물도리 마을입니다. 예로부터 매화가지에 꽃이 핀 모습과 닮았다해 매화낙지梅花落枝라고 이르거나, 물 위에 연꽃이 핀 형상의 연화부수蓮花浮水의 형국이라 하여 길지 가운데 길지로 꼽히는 마을입니다.

마을 앞을 돌아나가는 내성천은 맑

부산의 영도다리축제, 충청의 삽교 섶다리 곱창축제, 생거진천 농다리축제, 전북 김제의 새창이다리축제, 그리고 영주 무섬 외나무다리축제 등 지역마다 다리를 문화관광 상품화하기 위한 축제가 열리고 있습니다. 여기는 매년 '추억의 외나무다리 축제'가 열리는 무섬마을입니다.

고 잔잔한데다가 산과 물이 태극 모양으로 서로 안고 휘감아 돌아 산수의 경치가 절경을 이루며 외나무다리가 있어 옛일을 생각나게 만들고 있습니다.

이른 새벽 회룡포에 물안개가 피어오릅니다

안개가 짙어지면서 온 마을을 뒤덮습니다. '육지 속의 섬' 회룡포. 물길이 들어오는 입구를 한 삽만 뜨면 완전히 섬이 될 것 같은 곳입니다. 자동차 길이 열리기 전에는 비가 오면 꼼짝없이 갇혀있어야 했던 이곳이 드라마 〈가을 동화〉 촬영지로 각광을 받은 뒤 관광 명소가 됐습니다.

이 일대는 선경이 따로 없습니다. 해가 뜨고 바람이 일면 금빛 백사장과 옥빛 물길이 속살을 조금씩 드러내며 절경을 연출해냅니다. 이른 새벽 장안사를 거쳐 전망대에 오르면 물안개가 피어올라 섬을 뒤덮고 있는 아름다운 모습을 볼 수 있습니다.

내성천의 강변은 앞갱변, 웃갱변, 아랫갱변, 그리고 머리갱변 등 강과 관련된 지명이 많습니다. 무섬마을에서 나가는 곳에 다리가 세 곳에 있었습니다. 영주로 가는 외나무다리는 뒷다리라 했습니다. 지금의 수도교 쪽에도 다리가 있었는데, 학생들이 등교 때 건너곤 했습니다. 박종우 씨 집 앞쪽에 난 다리는 들로 나갈 때 주로 이용, 놀기미다리라고 했습니다. 놀기미논으로 가는 다리였던 셈입니다.

외나무다리가 바깥으로 통하는 유일한 통로였습니다. '외나무다리로 꽃가마 타고 시집왔다가 죽으면 그 다리로 상여가 나간다'는 말이 있을 정도로 세상으로부터 고립된 곳이었습니다.

다리의 중간중간에는 마주오는 이를 피해 갈 여분의 짧은 비껴 다리가 놓여있었습니다. 서로 마주보고 건어오던 사람들은 이곳에서 서로 길을 양보했습니다. 다리가 있던 입구 이름은 미럼나들, 멍덩굴 나들, 놀기미나들, 띠앗나들 등 여러 가지입니다.

하지만 외나무다리는 여름이면 사라지곤 합니다. 비가 와서 물이 많아지면 다리가 쓸려 내려가기 때문입니다. 그래서 설치와 철거를 반복하는 다리입니다. 때문에 구조도 간단합니다. 통나무를 절반으로 쪼개서 의자처럼 다리를 붙였습니다. 그리고 물에 박아 넣은 것이 외나무다리입니다.

> 외나무다리가 없는 여름에는 바지를 홀딱 벗은 후 머리에
> 이고 건넜지. 강둑을 높이기 전에는 대청마루에 앉아 강을
> 건너는 사람의 엉덩이만 봐도 누군지 다 알아. 젊은이들은
> 소 꼬랑지를 잡고 헤엄쳐서 건너기도 했어. 핵교 가기 싫어
> 일부러 물에 빠지는 아이들도 많았지.

여름이면 사라지는 다리의 특성은 농사일과는 호흡이 맞지 않았습니다. 비가 많이 오면 논, 밭을 둘러보러 강 건너로 가야 하는데 다

영화 〈외나무다리〉가 떠오르는 풍경입니다. 주인공과 애인은 함께 의료기구와 의약품을 가지고 외나무다리를 건너 두메산골인 고향으로 돌아가려고 하지만, 운명의 장난으로 두 사람은 외나무다리에서 만나지 못합니다. 아침 물안개가 피어오르는 무섬 마을 앞 외나무 다리를 지게 진 노인이 소를 몰고 건너고 있습니다. ⓒ 영주시청

리가 없으니 난감했습니다. 마을 사람들은 물살이 약하면 헤엄쳐 건너가기도 했고, 한국전쟁 때는 군용 보트에 의존해서 강을 건너기도 했습니다.

1983년 주민들은 수도교를 놓습니다. 콘크리트로 만들어진 수도교가 생기자 이 투박한 다리는 쓸모가 없어졌습니다. 이곳 주민들과 마을 출신 인사들이 이를 안타깝게 여겨 2005년 외나무다리를 복원, 매년 이곳에서 옛 다리를 기념하는 '추억의 외나무다리 축제'가 열리고 있습니다.

원래 외나무다리는 지금처럼 많이 구부러진 S자형은 아니었는데, 그동안 촬영팀의 사진 효과를 위해 이같은 모양으로 바뀌었다고 권고미 할머니, 김두한 할아버지 등 당시의 삶을 생생하게 전달해줍니다.

무섬마을 외나무다리는 길이는 150m, 높이는 하천 바닥에서 60cm, 폭은 30cm로 옛 추억을 떠오르게 합니다.

외나무다리를 건널 때는 균형을 잘 잡아야 합니다. S자 곡선을 그리는 다리의 폭은 겨우 20~25cm. 다리를 건널 때는 회오리를 일으키는 발 아래 물살을 보지 말고 4~5m 앞을 보는 것이 요령입니다.

앞만 보다가는 자칫 정신이 혼미해져 발을 헛디디기 십상입니다.

옛날엔 마을 사람들은 반드시 외나무다리를 건너 뭍으로 가야만 했습니다. 아슬아슬 외다리를 건너 육지의 시장으로 가는 아낙들도, 괴나리봇짐을 짊어지고 물건을 팔러 오는 장사꾼들도, 학교를 오가는 학생들도 모두 이곳을 건넜습니다. 그렇게 농사를 짓고, 장을 보고, 학교에 갔습니다. ⓒ 영주시청 외나무다리 곳곳에는 여분의 짧은 다리 '비껴다리'가 놓여 있어 마주 오는 이에게 길을 양보할 수 있습니다. 이 다리가 없다면 속담처럼 외나무다리에서 원수를 만날 수밖에 없을 터입니다.

원수는 물에 새기고 은혜는 돌에 새기라고 했습니다

어리석은 우리 인간들의 심성을 잘 표현한 말이 아닐 수 없습니다. 세상에 원수는 없고 은혜만 있는 사람도 없고, 은혜만 있고 원수는 없는 사람도 없지 않나요. 가만가만 생각해보면 맞는 말인데, 돌아보면 종종 우린 그것을 거꾸로 할 때가 많습니다. 은혜는 물에 새겨 금방 잃어버리고 버려야 할 원수는 돌에 새겨두고 기억하는 것은 아닌가요?

세상이 살기 힘들고 어려운 까닭은, 행복의 빈도가 아주 적은 것은 원수만 있기 때문이 아닙니다. 은혜는 방금 잊고 원수만 기억하기 때문입니다. 만일 우리가 원수를 잊고 은혜만을 기억하는 사람이 된다면 세상도, 우리의 마음도, 삶도 좋아질 것입니다.

용서는 어두운 내 인생에 광명을 비춰주는 촛불로 고통스러운 인생을 감동스럽게 만들지만, 원수로 만드는 분노와 미움의 감정은 독약이 되어 나와 타인들을 서서히 죽이는 제초제가 됩니다.

가장 멋지게 원수를 갚은 일은 용서하며 살다가 외나무다리에서 만나더라도 피하지 않는 것입니다. 이 세상이 은혜라는 말로 철철 넘쳐나면 얼마나 좋을까요. 돌에 새겨야 할 것과 물에 새겨야 할 것을 잘 구분하며, 오늘도 행복한 일상을 추구합니다.

"너~화, 너 화~, 너화, 넘차, 너화~ 간다. 간다. 나는 간다. 너화

넘차 너화~~"

금빛 모래가 가을 햇살에 반짝이는 무섬마을 백사장에 구성진 상여소리가 퍼집니다. 이는 '추억의 외나무다리 축제'의 개막식 가운데 한 장면입니다.

특히 외나무다리 전통 행렬행사는 만장 행렬과 가마를 탄 새색시도 잘도 건너는 바 말이 모래톱에 빠지면서 날뛰는 바람에 지켜보던 사진가들과 관광객들에게 즐거움을 주기도 합니다.

관광객들이 물가로 나와 삶의 애환을 노래로 엮어 실타래처럼 풀어내며 떠나는 고인을 태운 상여 모습을 지켜봅니다. 하지만 무섬마을에 갈 때는 정신 차려야 넘어지지 않습니다. 이는 첫 번째 넘어짐 주의보입니다.

햇살에 부딪쳐 반짝이는 잔물결들이 두 눈과 마음을 사로잡습니다.

윤슬이란 말 참 예쁘지요? 하늘의 별은 그냥 별이라 부르지만 물가의 별은 윤슬이구요, 이 땅의 별은 바로 당신이지요. 무색, 무취, 무향으로 살아가지만 오로지 소리만 내지요. 하지만 사람들과는 달라 큰 소리를 내는 법이 없지요. 보석을 뿌려 놓은 듯 아름답군요. 소금을 뿌려 놓은 듯 아름답군요.

당신은 강물 위,

바다 위,

개울 위,

시냇물의 치아인가요.

윤슬, 맑고 순수합니다. 담백합니다. 위에서 아래로, 또 아래서 그 아래로 흘러 흘러 바다로 내려가니 순리입니다. 싸우지도 않습니다.

윤슬, 유연합니다. 길이 막히면 기다립니다. 정면으로 돌파할 수 없을 때는 우회합니다. 그러나 결코 포기하지 않습니다. 쓰러지는 법이 없는 까닭입니다.

윤슬, 서두르지 않고 조용히 움직입니다. 무엇이든지 멈추면 썩습니다. 멈추면 쓰러집니다. 지혜로운 사람은 쉬면서 움직이고, 움직이면서 쉽니다.

> 냇물은 졸졸졸
> 바람은 솔솔솔
> 윤슬은 슬슬슬

맑음과 더러움을 차별하지 않는 가운데 큰 바다로 나아가는 당신이 바로 무섬마을의 윤슬입니다. 당신은 가장 낮은 곳에 자리한 바다 같은 분이십니다. 당신이 왕인 것은 가장 낮은 곳에서 모든 것을 품기 때문입니다.

보안 안갯속 강물 위에 아슬아슬하게 놓여 있는 외나무다리를 걷다 보면 어느새 혼탁한 세상은 간데 없고 신선이 됩니다. 수도교를 건너 무섬 마을에 들어서자 유유히 흐르는 강물과 드넓고 하얀 백사장, 고풍스러운 고가들과 초가가 그림같이 어우러지면서 옛 고향마을에 돌아온 것 같습니다.

어디 하늘에만 별이 뜨는가요?

별 없이도 무섬은 별밭, 별천지입니다.

함께 흘러 주어서 고마워요

함께 건너 주어서 행복해요

함께 견뎌 주어서 감사해요

윤슬처럼 살고 싶습니다. 그래서 무섬마을에 갈 때는 정신을 차려야 합니다. 이는 두 번째 넘어짐 주의보입니다.

강물은 변함없이 마을 앞을 휘돌고 있습니다. 강변 백사장 저 멀리 외나무다리가 이제 막 중천을 넘긴 햇살을 받아 기다란 실루엣을 드리웁니다.

마음을 이어주던 흔적의 끈 주남돌다리

네온사인과, 별 어느 게 더 찬란합니까? 하늘의 별이죠. 그 먼 거리를 뚫고 별빛이 비추어지는 걸 보면 얼마나 찬란한지 알 수 있죠. 그러나 눈앞에 네온사인과 등불에 가려 그 찬란한 별이 보이지 않는 겁니다. 산의 밤하늘에서 점점 별들의 숫자가 줄어가고 있습니다. 별들이야 그대로 있겠지만 우리 동네의 밤 풍경이 점점 밝아져 가고 있기 때문에 우리 눈에는 그만큼 잘 보이질 않게 되었습니다.

등불은 눈앞의 작은 것은 잘 볼 수 있게 해주지만 멀리 있는 큰 것은 오히려 볼 수 없게 합니다. 그러나 등불이 꺼지면 두려움이 엄습할 것이고 빛을 발견할 때까지는 두려움 속의 기다림이 있을 뿐입니다. 그 순간이 곧 우리의 믿음이 필요한 때이며, 우리 마음을 정화함이 아닐까요?

네온사인과 등불을 꺼

1 주남저수지가 있는 '주남'이란 곳은 예전에도 그렇게 불렀을까요? 원래 '새다리'라고 하는 다리가 있어 마을 이름까지 그렇게 불렀고, 한자로 '신교 新橋'라고 했습니다.

2 주남저수지는 우포늪처럼 낙동강의 배후습지였습니다. 철새들의 천국으로 더 많이 알려진 곳. 하지만 가을이 되면 길을 따라 가득 피어있는 코스모스들이 환상적인 물결을 만들면서 창원의 대표적인 데이트 코스가 되고 있습니다. ⓒ 창원시청

야 하늘의 별이 보이는 것처럼 집착을 버려야 넓은 세상이 보입니다. 추운 겨울밤일수록 별빛이 뚜렷합니다. 마당에 나가 하늘을 보는데 별빛이 흐립니다. 오늘날 사람들은 불빛을 너무 많이 켜놓고 산다는 생각이 듭니다. 하고 싶은 일도 많고 해야 될 일들도 많아서 오히려 내가 지금 어디에 서 있는지 진정한 나의 삶의 의미는 무엇인지 모르고 무의미한 불들을 가득 켜놓는지도 모릅니다.

'돌다리도 두드려 보고 건너라'는 속담이 있습니다. 하지만 800여 년 동안 수많은 발길이 거쳐갔다면 그 돌다리는 더 이상 두들겨 보지 않아도 되지 않을까요.

깜깜한 밤잠을 자면서도 생각의 불들을 밝히고 있는 까닭에 참다운 마음의 불빛은 오히려 늘 흐린 날입니다. 마당의 방범등을 꺼야 별빛이 나타나듯 여기저기 켜놓은 나의 불빛들을 잠시라도 꺼야 합니다.

잠자기 전, 이불 속에서 잠시잠깐이라도 욕심의 불, 비교하는 마음의 불을 끄고 호흡을 가다듬고 숨쉬고 있는 생생한 자신을 느껴보았으면 참 좋겠습니다. 마음의 별빛을 밝히려면 등불을 꺼야 함이 마땅합니다. 그들이 놀라 달아나지 않도록 하기 위해서는 더더욱 그렇습니다.

창원 주남저수지는 낙동강 물줄기와 이어진 생태 천국입니다

주남저수지와 낙동강 물줄기. 닮은 듯 다른 두 '생태 박물관'은 새들의 단아한 날갯짓과 물에 사는 수생생물의 고요한 하모니가 탐스러운 곳입니다. 물과 생태계가 빚어내는 향연을 비교하면 재미는 배가 됩니다. 저수지와 늪이 만들어내는 풍광은 새벽과 저녁이 다르고, 사계절이 변화무쌍합니다.

갑작스러운 인기척에 놀란 기러기는 은빛 날갯짓 허공을 가르며 저수지를 박차 오릅니다. "후둑, 후드득" 삽시간에 시야를 벗어나 주남저수지로 향하는 철새의 비상에 오히려 찾아든 이방인이 더 놀라 부동자세입니다.

제방 길에는 철새 탐조대가 마련되었으며 연꽃단지가 조성됐습니다. 가을에 주남수문을 거쳐 저수지를 끼고 걸으면 코스모스 길이 반깁니다. 주천강 줄기를 따라 방향을 잡으면 주남돌다리로 연결되는데, 800년 전 이곳에 돌을 옮겨놓았다는 전설이 있습니다.

옛날부터 비만 오면 물로 인해 큰 불편을 겪어오던 주민들이 합심해 다리를 놓기로 하고, 그 재료로 인근 정병산에서 적당한 돌을 찾아 운반하려고 했습니다. 설상가상으로, 산 정상 부위에 있던 두 개의 돌 가운데 하나를 선택해 움직이려고 했지만 꼼짝도 하지 않았습니다.

그런데 두 개의 돌을 한꺼번에 움직이니 쉽게 움직여 운반해 현재의 돌다리를 완성했다고 합니다. 그래서 이 두 개의 돌을 자웅석이라 부릅니다. 이같은 이야기 속에서는 다산과 풍요의 기원이 담겨 있습니다.

주남저수지가 만들어지기 전, 이 일대는 커다란 늪지였습니다. 그때도 이 자리에는 나무다리와 징검다리가 있었으나 비만 오면 불어난 물로 인해 제대로 사용할 수 없는 불편이 계속되자 더 크고 튼튼한 다리가 필요하였을 것입니다. 따라서 보다 튼튼한 다리를 새로 세운 것이 바로 '새다리', 즉 '주남 돌다리'라고 합니다. 부근에 있는 판신이란 마을 지명도 새 다리에서 나온 지명입니다.

명칭의 유래에 대한 또 다른 주장으로는 새로 지은 다리가 아닌 주천강 사이에 있는 다리, 즉 '사이다리'가 줄어 '새[間]다리'가 된 것이라고 합니다.

주남 돌다리는 옛날 창원에서 밀양으로 가는 큰길을 이어주었습니다

이 다리는 네 개의 교각과 양쪽에 낮은 교각을 각각 한 개씩 세우고 그 위에 길이 4m 정도의 점판암 판석板石 네 개를 얹어 만든 판석교입니다. 기둥돌 네 개 중 가운데 2개의 기둥돌은 마치 돌탑처럼 6층을 쌓았으며, 나머지 두 개의 기둥돌은 5층을 쌓아 무지개 모양으로 자연스럽게 휘게 했습니다. 이 돌다리는 현재 창원시 동읍과 대산면의 경계를 이루는 주천강에 놓여 있습니다.

이는 동읍 판신 마을과 대산면 고등포 마을을 이어주는 구실을 하고 있습니다. 다리는 간격을 두어 양쪽에 돌을 쌓아올린 뒤, 그 위로 여러 장의 평평한 돌을 걸쳐 놓은 모습입니다.

1967년 집중호우로 대부분이 붕괴된 것을 1996년 복원한 것으로, 다리를 세운 정확한 시기나 경위 등은 알려진 것이 없습니다. 그 당시 강 중간에 판석 1매와 이를 지탱하는 교각석만 온전하게 남았다고 합니다. 1998년 창원시가 역사 교육장으로 다시 복원하였던 바, 현재의 다리 모습입니다.

예로부터 강물이 흐르는 곳을 건너기 위해 다리를 놓았습니다. 징검다리로부터 나무다리, 돌다리에 이르기까지 다양한 다리들을 놓았습니다. 하지만 세월이 흐름에 따라 그 많던 옛 다리들은 하나둘씩 사라지고, 이제는 손꼽을 정도만이 남아 있습니다.

돌다리가 있는 주남저수지는 1980년대 들어 가창오리 수만 마리가 찾기 시작하면서 생태적 중요성이 재조명됐습니다. 철새와 인간의 즐거운 하모니를 만들기 위해 먹이주기 행사 등을 갖고 있습니다. ⓒ 창원시청 지금의 크고 웅장한 현대식 다리에 비하면, 옛 다리들은 초라하고 볼품이 없을지도 모릅니다. 하지만 다리에는 옛사람들의 지혜와 숨결이 고스란히 담겨있어 결코 소홀히 대할 수는 없습니다.

　　지금은 다른 쪽으로 새로운 도로가 나고, 저만치 새로 만든 콘크리트 다리가 놓여 있을 뿐만 아니라, 홍수를 막기 위해 강 양쪽에 둑을 높게 쌓아 다리가 높다란 둑 아래 파묻혀 있으니, 예전처럼 큰길을 이어주는 역할을 더는 할 수 없게 되었습니다. 하지만 아직도 이 다리를 건너는 사람이 가끔씩 있는 것을 보면 동읍 판신마을과 대산면의 고등포마을을 이어주었던 흔적의 끈마저 놓아버린 것은 아닌 모양입니다.

충청도

고용개의 별자리를 응용해 만든 진천 농다리

발효의 세월이 넘나드는 논산 명재고택의 다리

28개의 별자리를
응용해 만든 진천 농다리

그러면 너 죽어 될 것 있다.

너는 죽어 경주 인경도 되지 말고,

전주 인경도 되지 말고,

송도 인경도 되지 말고,

장안 종로 인경되고,

나는 죽어 인경 마치 되어,

삼십삼천三十三天 이십팔숙二十八宿을 응응應하여,

질마재 봉화烽火 세 자루 꺼지고,

남산 봉화 두 자루 꺼지면,

인경 첫마디 치는 소리 그저 '뎅뎅' 칠 때마다

다른 사람 듣기에는 인경 소리로만 알아도

우리 속으로는 춘향'뎅' 도령님 '뎅'이라 만나 보잤구나

완판본 『열녀춘향수절가』의 「사랑가」 대목 가운데 '이도령이 부르는 노래'입니다. 질마재와 남산의 봉화가 등장하면서 러브 스토리가 정점을 향해 치닫는 대목인데요. 여기서 말하는 이십팔숙二十八宿은 별자리입니다.

그런데 왜 하필이면 28개일까요? 우리가 흔히 알고 있는 별자리

는 탄생시기에 따른 12개의 별자리가 아니던가요? 우리나라 조선시대에 만들어진 천상열차분야지도에는 28숙과 더불어 1,464개의 별이 그려져 있는 바 중국의 전통을 따른 것입니다. 중국에서는 적도 부근에 28개의 별자리를 만들어 28숙이라고 했습니다.

본래 별자리는 약 5,000년 전 바빌로니아 지력에 살던 사람들이 양떼를 지키면서 밤하늘의 별들의 형태에 특별한 관심을 가진 데서 유래합니다. 또, 고대 이집트에서도 B.C. 3,000년경에 이미 43개의 별자리가 있었다고 합니다. 그 후 바빌로니아와 이집트의 천문학은 그리스로 전해져 별자리 이름에 그리스 신화 속의 신과 영웅, 동물들의 이름이 보태졌습니다.

이와 같이 동양과 서양의 별자리가 서로 다르고 학자마다 혼동이 생기자 1922년 국제천문연맹IAU에서는 황도 상에 12개, 북반구에 28개, 남반구에 48개를 정해 88개의 별자리를 만들어 공포했으니 오늘날 우리가 쓰고 있는 별자리는 바로 그것입니다.

천년 세월의 물살을 이겨낸 진천 농다리는 하늘의 기운을 따라 별자리의 기본 28숙을 응용해 만들었습니다. 그래서 나라의 재앙마저 예고한 다리인가요. ⓒ 진천군청

28개의 별자리를 의미하는 이십팔숙

'28숙'에 대해 좀 더 자세히 알아볼까요? 달이 희미하게 모습을 보인 뒤 만월에 이르기까지 1개월간의 운행 경로인 백도상白道上에서의 28성좌명星座名으로, 하나의 성좌에 날마다 '달이 머무른宿'는 의미에서 그렇게 부른 것입니다. 고대로부터 동아시아에서 사용되어 온 황도와 천구의 적도 주변에 위치하고 있습니다.

통상 28숙과 3원으로부터 하늘이 3개의 담과 나머지 28개의 영역으로 구분됩니다. 동, 북, 서, 남의 방위에 따라 사방신이 7개씩의 별자리를 주관하며, 각 별자리의 해당 영역에는 또한 여러 별자리들이 속해 있습니다.

28숙은 오행과 길흉화복이 내포되어 있으며, 동방에 각항저방심미기, 북방에 두우여허위실벽, 서방에 규누위묘필자삼, 남방에 정귀류성장익진 등 28개가 자리하고 있습니다. 조선시대의 대표적인 별자리 그림인 〈천상열차분야지도〉에 3원 28수의 체계를 따른 정교한 별자리가 그려졌습니다.

고궁박물관이 소장한 국보 제228호 〈천상열차분야지도각석〉이

하루하루가 있어도 그만 없어도 그만인 그런 날이 아니라, 늘 새로운, 날마다 좋은 날을 바랍니다. 마음먹기에 따라, 매일매일을 좋은 날로 만들어갈 수 있기 때문입니다. 땅 위에서 하늘의 별자리를 그대로 밟는 순간, 노한 파도와 물결에도 하나의 돌도 달아나지 않았다는 사실이 신비롭게만 느껴집니다.

바로 그것입니다. 〈천상열차분야〉에서 천상은 하늘 형체를 말하는 것이고, 열차는 황도 부근을 12지역으로 나눈 12차이며, 분야는 이에 대응하는 지상 지역을 말합니다.

1395년, 권근 등 학자 11명이 수년간 노력한 끝에 〈천상열차분야지도〉를 완성합니다. 바깥 원 주위에는 북극성을 중심으로 별자리를 28개 구역으로 나눈 28숙이 새겨져 있고, 바깥 원과 작은 원 사이 공간은 이 28숙으로 나뉘어 있어 모든 별자리 도수를 한눈에 알아볼 수 있게 했습니다. 『삼국지연의』에서 제갈량이 동남풍을 기원하는 제를 지낼 때와 사마의와 싸울 때에도 28숙이 나옵니다.

곳곳에서 발견되는 이십팔숙

보물 제289호로 현재 전북 정읍시 태인면 태창리에 자리한 피향정을 통일신라 정강왕 때 태산 태수였던 최치원이 세웠다고도 하며, 그가 재직 중에 소요하던 곳이었다고도 하지만 확실한 것은 알 수 없습니다. 이 정자는 정자의 앞뒤로 상연지, 하연지 두 개의 연지가 있어 꽃이 피면 주위가 장관을 이루고 연꽃의 향기가 정자에 가득하다고 하여 '피향정披香亭'으로 부릅니다.

내부는 마루를 깔았는데 앞뒤의 돌계단을 통해 오르내릴 수 있도록 되어 있습니다. 정자마루의 아래는 28개의 원형의 돌기둥을 받치고, 그 위에 두리 기둥을 세웠습니다. 기둥이 30개가 되어야 하는데 중앙의 2개를 빼고 28개를 세웠으니, 이는 우주의 28숙을 따른 것입니다.

전북 임실군 성수면 대운이재엔 2005년 운현전적의혼추모비

1

가 제막돼 후손들에게 나라사랑의 의미를 더욱 되새겨 주고 있습니

다. 《임실독립운동사》는 기존의 의병사 부분에서 인적 사항이 잘못
된 부분을 제적부 등을 통해 확인 수정했습니다. 28명 의사들의 28
숙을 찾은 게 성과 가운데의 하나라고 합니다. 이석용 의병장을 북
극성으로 동서남북 28숙에 따라 각기 다른 이름을 부여해 별자리를
표석에 새겼다는 사실을 새로이 밝혀낸 것입니다.

우리나라에서 가장 오래된 돌다리인 농다리

김유신장군이 태어난 진천. 충남, 충북, 경기도의 경계에 위치해
교통이 편리하고 기름진 넓은 들에 물이 마르지 않아 생거진천生居
鎭川으로 불렸습니다.

워낙 살기 좋은 곳이라 역사유적과 자연관광지도 많습니다. 그중
하나가 충북 진천군 문백면 구곡리 굴티마을 앞에서 천년 세월의 물

2

1 가지말라고 오늘이 오늘이 아니고 뛰지 말라고 오늘이소서. 새 날 새 땅만 바라보다가 이날 이 땅을 놓치지 않는 오늘이소서. '오늘도 오늘이소서, 내일도 오늘이소서!'

2 저만큼 내려가는 꽃상여의 찰랑거리는 앙장과 드높은 만장이 눈부십니다. 와락, 눈물이 솟구칩니다. 만장이 길게 늘어진 꽃상여의 끝, 오늘도 누군가는 아름다운 이 세상의 소풍을 끝내고 있겠지요. ⓒ 진천군청

살을 이겨낸 국내 최고의 돌다리 '진천농다리籠橋'는 충북 진천군 문백면 구곡리에 위치하며, 충북 유형문화재 제28호입니다.

동양에서 가장 오래되고 길며 지네 모양을 본떠 축조한 특이한 돌다리로, 고려시대 편마암의 일종인 자석을 쌓아 만든 것으로 전해지고 있으며, 규모는 길이 93.6m, 너비 3.6m, 높이 1.2m입니다.

교각을 세우고 돌을 반듯하게 깎아 만든 다리가 아닌, 멀리서 보면 돌무더기처럼 보입니다. 붉은색 돌을 쌓아 만든 다리로 석회 등을 바르지 않고 그대로 쌓았는데도 견고하며 장마가 져도 유실됨이 없이 원형을 유지하고 있습니다. 그렇다면 왜 '농다리'라고 불렀을까요?

물고기 비늘모양으로 쌓아 지네 다리와 활처럼 생긴 농다리 '농籠'자의 해석이 분분한데요, 대바구니 농籠자로 다리의 물이 잘 빠져나가는 것을 뜻한다는 설이 있습니다. 밟으면 움직이고 잡아당기면 돌아가는 돌이 있어서 붙여졌다고도 하고, 임연 장군이 용마龍馬로 다리를 놓았다는 전설에서 '용'자가 와전되어 '농'이 됐다고도 합니다.

고려 고종 때의 무신 임연이 그의 전성기 시절에 고향인 이곳에 다리를 세웠다고 기록되어 있어, 대체로 고려 후기에 세운 것으로 추정됩니다.

무엇보다도 하늘의 기본 별자리를 응용해 28개의 교각을 만들었습니다. 모양이 제각각인 사력암질 자석을 물고기 비늘처럼 쌓고, 상단의 폭과 두께가 좁아지게 하여 물살의 영향을 덜 받도록 만들었습니다. 잠수교처럼 장마 때는 큰물이 다리 위로 넘쳐흐르게 하고, 물을 거스르지 않기 위해 구불구불 지네가 기어가는 형태로 만들었습니다.

농다리는 상판석 양쪽으로 교각이 튀어나오게 하고 교각의 양끝을 유선형으로 만들어 천년 세월 동안 보존될 수 있었습니다. 하지만 예전보다 물 바닥이 깊어졌고, 오랜 세월이 흐르다 보니 조금씩 허물어지고 변형이 되어 교각과 상판의 길이나 간격 등이 일정하지 않고 다리의 방향도 중간에 조금 휘어 있습니다.

『조선환여승람』에는 28숙에 따라 수문 28칸으로 축조하고 각 칸마다 1개의 돌로 이어 하나의 활이 뻗쳐 있는 것 같다고 나옵니다. 석재는 대체로 가로 30cm, 세로 40cm의 사력암질돌을 사용했으며, 교각 위에는 길이 170m 안팎, 두께 20cm 정도의 장대석을 1매로 놓거나 2매로 나란히 놓았습니다.

옛날에는 어른도 서서 다리 밑을 통과할 만큼 높았다고 하지만 지금은 하천 바닥이 많이 높아져 원래의 모습을 확인하기 어렵습니다.

농다리가 있는 구곡리는 상산 임씨의 집성촌입니다. 고려 때부터 이곳에 자리 잡은 사람들은 긴 세월 농다리와 더불어 살아온 마을

임실필봉농악은 정월 대보름날에 물가에서 재난이 없어지기를 바라면서 치는 노디고사굿이 눈길을 끌고 있습니다. 이는 노디(징검다리)에 금줄을 감아 놓고 치는 굿을 말합니다. ⓒ 국립무형유산원

사람들은 고향을 지키며 살아온 상산임씨의 후손들입니다. 불과 30년 전만 해도 굴티마을의 논밭은 대부분 농다리 건너편에 있었습니다. 1982년 댐 확장으로 수몰되기 전까지 농다리를 통해 구곡리와 왕래를 했다고 합니다.

농다리가 물에 잠기면 논에 갈 일도 막막했다고 하는 만큼, 집과 일터를 잇는 삶의 일부였는지도 모릅니다. 중요한 삶의 무게였던 만큼 농다리에 대한 전설도 많습니다. 마을에 전해오는 이야기에 따르면 이곳에 부잣집이 있었는데 동냥을 온 도사에게 밥은커녕 소여물을 줘 보낸 후 큰 물난리가 났다는 것입니다. 베풀지 않고 살았던 부잣집은 마을이 수몰된 지금도 저수지 바닥에서 금방아를 찧고 있다고 합니다. 또 저수지와 구곡리를 잇는 길을 뚫었는데, 이것이 용의 허리를 자른 격이라 비가 많이 오게 됐다는 얘기도 있습니다.

농다리가 생긴 것은 고려시대 부친상을 당하고 친정으로 돌아가

는 여인이 물을 건너지 못하자 다리를 놓아주었다는 것에서 비롯되기도 합니다. 천년을 이어온 다리라고 하지만 폭우가 내리거나 천재지변으로 인해 일부 유실되는 경우도 있었습니다.

동양 최고의 문화유산을 보존하려는 자치단체의 지원도 적극적이었습니다. 2000년부터 해마다 전국 농다리 사진촬영대회, 농다리 가요제, 농다리 놓기 재연, 농다리 모형 만들기 등을 프로그램으로 한 농다리 축제가 열립니다. 농다리를 널리 알리기 위해 전시관과 다리를 내려다볼 수 있는 전망대도 만들어졌습니다.

진천 농다리를 통해 부르는 '오늘이소서. 오늘이소서.'

'날마다 좋은 날', 이는 운문선사의 어록인 『운문광록雲門廣錄』에 나오는 너무나도 유명한 말입니다.

운문선사가 어느 날, 제자들에게 이렇게 말했습니다. "보름 전의 일은 묻지 않겠다. 오늘부터 보름 이후의 일을 표현할 수 있는 시구를 지어 가져오너라" 수행승들은 아침부터 하루 종일 머리를 쥐어 짰으나 무어라고 한마디로 선의 묘미를 표현할 수 없었습니다. 그것을 지켜보던 운문선사가 스스로 지은 짧은 시구를 내보였습니다.

'일일시호일日日是好日'. '날마다 좋은 날'이라는 뜻이며, '해마다 좋은 해'로도 해석할 수 있습니다. 그러나 이는 표면적으로는 이치에 맞지 않습니다. 다들 알다시피 살다 보면 궂은 날도 있고 맑은 날도 있는 법입니다. 또 심한 고통을 겪고 있는 이들에게는 좋은 날이란 결코 없지 않나요.

운문선사께서는 지나치게 낙관적인 의미로 '날마다 좋은 날'을 말씀하셨던 게 아닙니다.

매 하루하루, 심지어 가장 비극적인 날조차도 새롭게 움트는 봄의 씨앗을 품고 있다는 뜻으로 말씀한 것입니다. '날마다 좋은 날'은 하루하루가 비교할 수 없는, 유일무이한stand on its own 날이라는 뜻입니다. 이 점을 알고 오늘을 가장 좋은 날로 만드는 것이 바로 우리의 책임이 아닐는지요.

고려말부터 조선중엽까지 우리 조상들이 즐겨 불렀던 축가 '오늘이 오늘이소서'는 소박한 평민들이 생활의 기쁨을 노래한 것으로, 남원에서 채보되어 오늘날까지 전승되고 있는 만큼 '일일시호일'과 완벽하게 의미가 맞아떨어집니다.

그러나 임진·정유재란을 당하면서 노래도 잃어가고 아는 이도 사라져 갔습니다. 1610년 양덕수가 사라져 가는 노래들을 채보해 『양금신보』를 만들었으니 문화적 위상을 드높인 유산이라 할 수 있습니다.

'늘 오늘만 같기를…' 이 시를 지은 화자는 아마 가장 행복한 시간을 보내

전북 완주군 소양면 황운리 소양초등학교 옆의 '국회의원유범수건교기공비'는 1969년 가을에 세워졌습니다. 당시 완주군 국회의원 유범수씨가 명덕리다리를 놓는데 공적이 있다고 해서 지역 주민들이 뜻을 모아 세운 것으로 알려져 있으며, 임실 산정교도 유범수와 관련된 비문이 남아 있습니다.

고 있었으리라. 그저 읊조리는 것만으로도 오늘의 행복함이 느껴집니다. 진천 농다리를 걸을 때면 이 시의 화자의 오늘이 내게도 오기를 기대해봅니다.

발효의 세월이 넘나드는
논산 명재고택의 다리

하얀 창호지에 어른거리는 그림자. 사랑채가 드리운 그림자는 황토로 빚은 굴뚝을 오롯이 삼킵니다. 고즈넉한 풍경의 논산 명재고택은 민속문화재 제190호로, 충남 논산시 노성면에 자리하고 있습니다.

작은 사랑방의 동창을 조심스럽게 열어젖혔습니다. 어둠 속에서 도열하듯 서 있는 장독대의 검은 독들이 별빛을 토해내듯 반사합니다. 300년 대代를 이은 종부의 손맛은 독 안에서 밤새 숨 쉬고 있으며 발효의 세월을 갈무리합니다.

발효와 부패의 차이는 무엇일까요? 둘 다 미생물에 의한 작용의 결과라는 점에서는 동일합니다. 단지, 이를 나누는 기준은 인간의 필요에 적합하냐가 중요한 판단 기준이 됩니다. 우리의 목적에 맞으

무엇보다도 한국 정원은 우주의 존재와 생성 원리, 즉 천원지방을 표현한 방지원도 형태의 연못입니다. 네모나게 연못을 파고 가운데에 둥근 섬을 세워놓았으니 천지간의 이치입니다. 나무로 만든 다리가 이색적인 느낌으로 다가옵니다.

면 발효이고, 그렇지 않으면 부패라고 하는 견해가 많습니다. 그러므로 술과 김치는 발효이고 음식이 변질되는 것은 부패라고 합니다.

또는 몸에 나쁜 역할을 하도록 바꾸는 것은 부패라 하고, 몸에 더 좋은 역할을 하도록 바뀔 때는 발효라고 합니다. 부패하게 되면 먹을 수 없을 뿐 아니라 몸이 상하고 발효하게 되면 먹으면 먹을수록 건강하게 합니다. 사과가 썩으면 먹을 수 없게 되지만, 발효가 되면 사과 식초가 되어 몸에 이롭게 됩니다. 감도 그렇습니다. 곰팡이는 주변을 썩게 만들지만, 유산균은 모두를 잘 익게 만듭니다.

시간이 흐르면서 부패되느냐 발효되느냐에 따라 본래 존재가 가지고 있던 가치가 달라집니다. 사람들에게도 이를 받아들여지는 것은 언제나 다릅니다. 음식이 발효되면 잘 익었다고 말합니다. 사람이 잘 익으면 진국이라고 말합니다. 그래서 부패와 발효의 결말은 다릅니다. 둘 다 오래됐다는 공통점이 있지만, 부패된 것은 버려지게 되고 발효된 것은 가치있게 여겨져 사랑받게 됩니다.

부패한 사람이 아니라 발효된 사람이 되고 싶고, 제대로 숙성된, 성숙한 사람이 되고 싶습니다. 당신을 썩게 만드는 일도, 당신의 선택에 달려 있고, 당신을 익게 만드는 일도, 오로지 당신의 선택에 달려 있습니다.

가옥으로 발효된 세월이 쉼 없이 흐르는 곳, 명재고택

시나브로 장독대 너머 낮은 구릉에는 느티나무 고목이 든든하게 서 있습니다. 계룡산과 대둔산 사이 능선에 둥실 솟아 오른 보름달, 그 나뭇가지 뒤에 숨어 고택을 기웃거립니다. 명재고택은 조선 숙종 때 학자인 명재 윤증의 가옥입니다.

소론의 거두인 명재는 임금이 무려 18번이나 벼슬을 내렸으나 끝내 사양하고 초야에 묻혀 살았습니다. 그래서 '백의정승'으로 불렸습니다. 평생 초가에서 살아온 스승을 위해 후손과 후학들은 60칸짜리 한옥을 지었지만 명재는 살아생전 한 번도 그리로 발걸음을 하지 않은 대쪽같은 선비로 제대로 늙어갔지요.

나이를 먹는 것은 무조건적이지만, 성숙한다는 것은 선택적입니다. 늙는다는 것과 나이 드는 것을 구분하는 까닭입니다. 늙는다는 것은 생물학적인 노화를, 나이 듦이란 젊은이에게는 없는 것들이 생겨난다는 뜻 같습니다. 즉, 세월이 가르쳐 준 직감이나 욕망을 컨트롤할 수 있는 지혜 등이 바로 나이 먹음에 따른 전리품입니다.

초의선사는 늙어감과 낡아감으로 구분, 차이를 말하기도 했지요.

> 세상은 낡은 것으로 가득 차 있었다. 사실은 나이 들어 낡아가고 있으면서 늙어가고 있다고 착각하고 있는 사람들이 꽉 차 있었다. 늙어감은 금강석처럼 찬란하고 향기로운 무

계를 더하면서 견고해지고 새로워지는 일이고 값진 일이지만, 낡아가고 있는 것은 썩어 소멸해가는 것이고 미망 속으로 떨어지는 것이고 냄새나고 추한 것이었다.

나이가 든다는 것이 모두 나쁜 것은 아닙니다. 나이가 들면서 인생을 알게 되고 사람을 알게 된다는 것은 소중한 가치이며, 세상을 아름답게 보면서 자신의 삶을 꾸밀 수 있다는 것도 좋은 일입니다.

예전에 알지 못했던 것을 발견하면서 늙어 가는 것은 괜찮은 것이지만, 육체가 쇠약해지고 병들어 고생한다는 것은 좋은 일만은 아닙니다. 또, 문제는 나이가 들어가고 육체가 쇠약해지는 것만이 아니라 마음도 좁아지는 일이 많습니다.

나이가 들면 보는 세상이 넓어지고 이해력이 많아지고 모든 것을 초월하여야 함에도 불구, 오히려 좁아지고 고집스러워지며, 작은 것에 집착하려는 모습이 자신을 슬퍼지게 만들기도 합니다.

나이가 들어갈수록 눈이 보는 각도가 좁아지기에 폭넓게 보지 못한다고 합니다. 그래서 교통사고의 위험이 높아집니다. 그 뿐 아니라 생각의 폭도 좁아지게 되는데, 나이가 들어갈수록 자기가 좋아하는 것에 집착을 하게 되고 그것이 진리인 것처럼 자신 속에 자리를 잡기 때문입니다. 매운 것을 좋아하는 이는 그 매운맛이야 말로 음식에서 빼놓을 수 없는 진미이기에 더욱 그 맛에 빠져들게 됩니다.

지식이나 사상에는 더욱 심한데 보수적인 생각을 가진 사람은 보수적인 것에 빠져들기 때문에 극단적인 보수주의로 빠지게 되고, 진보적인 사람들은 마찬가지로 모든 것을 진보라는 초점에 맞추어서 점점 더 극단적인 진보주의자가 되기도 합니다.

보는 것도 생각하는 것도, 듣는 것도 행동하는 것도 모두가 한쪽에 편향되기에 나이가 들면서 옹졸해지고 독선적이고 비타협적이 되기도 합니다. 그냥 넘어갈 수도 있는 일임에도 불구하고 따지고 잔소리를 하고, 작은 일에 화가 나고 짜증을 내고, 이해관계에서 소인배가 되는 것도 나이가 들어가면서 변하는 사람들의 모습인 것 같습니다.

심지어 양로원에서 벌어지는 일 중에서 사탕 한 알 가지고 서로가 다툰다는 말을 듣는데, 그렇게 변해가서는 안되어야 될 것이 분명하지만 자신도 모르는 사이에 그렇게 됩니다. 좁아지는 자신의 영역을 넓히기 위하여 무척 애를 쓰는 이들을 봅니다. 운동을 하고 모임에 가고 새로운 것을 탐구하고 여행을 떠나기도 합니다.

『논어』의 얘기입니다.

증자가 노환으로 위중하게 되자 문하의 제자들을 모두 불러놓고 말하기를,

"이불을 걷고 내 손과 발을 보아라… 시경에 이르기를 '전전긍긍하여, 깊은 연못에 이른 듯이 하고, 살얼음을 밟는 듯이 하라'는 말이 있는데, 그런데 내 이제 죽음의 순간에 이르러서야, 그런 모든 중압감으로부터 해방되노라!"

추한 모습으로 살아가서는 안된다고, 잘 발효된 모습으로 살아야 한다고, 다시금 다짐해 봅니다. 나이가 들수록 고상해지고 아량이 넓어지고 세상을 아름답게 볼 수 있다면 얼마나 좋겠습니까? 보

잘 것 없는 작은 명예에 눈이 어두워서 남들에게 아픔을 주는 등 노욕에 물들어 추한 모습과 이름을 남긴다면 얼마나 삶이 비굴해지겠습니까? 오늘따라 명재선생이 이전보다 더 크게 내 곁으로 다가오는 까닭입니다.

늙은 배롱나무와 향나무가 양팔을 벌려 길손을 반깁니다

조선 선비들은 배롱나무와 향나무를 가까이 두고 꼿꼿한 지조와 강직한 삶을 실천했습니다. 노성산 옥녀봉을 병풍처럼 두른 명재고택은 솟을대문은 물론 담장도 없어 다른 사대부 집안의 가옥에 비해 겉모습은 소박한 편입니다.

본래 솟을대문이 있었으나 노론과 소론의 대립이 극심하던 19세기 초에 소론 영수의 집안 동태를 살피기 위해 노론이 명재고택 옆으로 향교를 이전해 왔다고 합니다. 웃어른들이 모든 것을 보여주자며 솟을대문과 담장을 없애버렸다고 합니다.

대청마루에 오르니 아름다운 풍광에 눈이 열리고 청량한 개울물 소리에 귀가 즐겁습니다. 밤이 깊어 아랫목 구들장에 몸을 뉘면 문살 사이로 스미는 달빛에 취해 이내 단잠에 빠져듭니다. 밤사이 새하얀 눈이 소복하게 쌓인 고택은 한 폭의 산수화로 고택을 찾아 '늙음'을 만끽하는 여유를 한껏 부려봅니다.

중문으로 들어서면 안채입니다. 안채 서쪽에 곳간채가 있고, 동쪽 뒤편 언덕에는 사당이 들어앉았습니다. 안채와 곳간채 건물은 나란히 않습니다. 남쪽에서 북쪽으로 갈수록 좁아지는 사다리꼴입니다. 여름이면 남쪽에서 불어온 바람이 북쪽의 좁은 통로를 빠져나가

면서 속도가 빨라지고, 겨울철
북풍이 좁은 건물 사이에서 남
쪽의 넓은 쪽으로 나가면서 유
순해집니다. 이른바 '베르누이
의 정리'입니다.

사랑채 왼쪽으로 난 중문
으로 들기 전 작은 우물도 그냥
지나칠 일이 아닙니다. 고택이
들어선 자리는 '옥녀탄금형'으
로, 좌청룡, 우백호를 끼고 가
운데 샘이 솟는 형상입니다. 우
물은 향나무에 둘러싸여 있습

은행나무는 공자를 기리며 학문
에 정진하는 유학자의 정신세계
를, 매화는 우아한 풍치와 고상
한 절개를 지선의 아름다움으로
여긴 선비들의 의식세계를, 연꽃
은 탁한 물에서도 고고하고 깨끗
한 꽃을 피워내니 군자상을 추구
하던 그들의 바람을 보여줍니다.
방지원도형 연못 앞에 노성향교
가 모습을 드러냅니다.

니다. 그 뿌리는 물을 정화하는 재주가 있습니다. 물맛이 좋은 건 당연지사. 이 물을 사용해 만든 종갓집의 간장과 된장, 고추장은 전국적으로 유명합니다.

이윽고, 사랑채에 앉으니 소나무가 멋스러운 둔덕을 비롯, 연못과 마을이 파노라마 그림처럼 펼쳐집니다. 명재고택의 품격은 사랑채 누마루에서 완성됩니다. '도원인가桃源人家'와 '이은시사離隱時舍' 편액이 걸려있는 누마루는 아늑한 공간이지만 문이나 창을 열면 사방이 열린 공간으로 단박에 변신합니다.

오른쪽 창을 열면 장방형의 연못이 누마루 안으로 불쑥 들어오고, 정면의 분합문을 들어올리면 둔덕의 솔숲과 정원의 배롱나무가 한 폭의 산수화를 연출합니다. 누마루 아래 댓돌 위에 작은 돌로 금강산을 형상화한 석가산과 해시계 보는 자리인 일영표준日影標準도 눈길을 끌기에 충분한데요. 누가 연못 입구의 다리를 걷고 있군요.

한옥의 아름다운 전통미도 넘치거나 모자람이 없습니다. 문살 틈 달빛에 취하고, 늙음

지구가, 태양이, 달이 둥근 것은 바로 우리의 삶을 둥글게 살라는 무언의 상징이 아닐는지요. 제아무리 모난 마음으로 왔다가도 둥근 사람의 따뜻함에 그만 녹게 되고 아주 작은 존재일 뿐이죠. 언제나 지구가, 달이, 해가 둥근 것처럼 말입니다. 명재 윤증이 바로 그런 사람이었습니다. ⓒ 논산시청

의 미학에 반하고 있는 중입니다. 마당 좌측에 조성된 연못에는 자그마한 원형 섬을 만들어 배롱나무를 심었습니다. 발가벗은 듯 매끄럽게 윤이 나는 고목의 가지는 신기가 어린 듯 구불구불 제멋대로입니다. 다리 건너 연못 가운데 원형의 섬을 만들어 꾸민 정원은 오붓하게 앉아 낭만을 즐기기에 좋고 해 질 녘 노을 감상은 빼놓을 수 없는 즐거움입니다.

여러분 축구, 좋아하나요?

마라도나와 펠레가 자주했던 '축구공은 둥글다' 라는 말이 있습니다. 공은 언제나 둥글기 때문에 어디로 튈지 모르며, 이에 따라 승부의 향방은 아무도 알 수가 없죠. 축구공도 둥글고, 지구도 둥근 만큼 추억과 인생도 그랬으면 참 좋겠습니다.

둥근 하늘과 보름달은 여전히 그대로인데, 땅에 발을 붙이고 사는 우리네 인생은 왜 늘 모가 나는지요. 땅을 상징하는 네모난 연못 속에 하늘을 상징하는 둥근 섬을 만들었으니 창덕궁의 부용지요, 이곳의 연못입니다.

경복궁 경회루, 구례 운조루, 아차산 망루, 그리고 부산 태종대의 상징물 푸른 원, 즉 바다와 하늘과 붉은 원, 즉 태양과 동백꽃이 이를 잘 나타내지요. 김환기의 〈항아리〉 시리즈 작품 속 달을 보면 얼마나 은은한지요, 낙산사의 원장을 보면 왜 탈속의 꿈이 깃드는 느낌이 드나요.

축구공은 여전히 둥그렇군요. 하지만 당신이 어디로 향할지 모르니 조금만 더 힘내세요. 드리블하는 선수의 모습에 달라지는 것처럼 아마 내 인생도 마음가짐에 따라 달라지겠죠. 모나게 살면 가고 싶은 곳에 갈 수 없고 공처럼 둥글게 살면 어디든지 마음대로 갈 수 있겠죠. 중용의 덕을 지키라는 의미지 어영부영 대충 어우렁더우렁 하라는 말 아닌 것 아시죠.

어차피 모두가 한울타리 안인데, 서로 도와주며 감싸주며 같이해주며 다정하게 외롭지 않게 하나로 다 같이 가면 얼마나 좋을까요.

오늘, 문득 겁도 없이 해를 가슴에 품어보았네요. 붉고 둥근 모습이 네모난 나의 마음을 따뜻하게 보듬어 줄 것만 같았습니다. 이 해는 세상의 어떤 것이라도 뛰어넘어 감싸고 이해하고 울어주고 웃어주는 당신과 같아요. 짧은 인생 때론 쿨하게, 때론 모나지 않게 둥글게 둥글게 포물선을 그리며 우리 서로 포용하며, 포옹하며 명재선생처럼 큰 사람으로 살아가요.

선인들은 경관이 수려한 곳 또는 고즈넉한 산속의 마땅한 자리를 찾아 정자 하나를 짓고 자연 그대로의 숲과 계류를 감상했습니다.

대숲에 이는 바람 소리, 물에 비친 달, 계곡을 타고 흐르는 물소리, 이 모든 것이 인생과 우주와 자연의 섭리를 깨닫게 하는 감상의 요소가 되는 까닭입니다. 정원을 조성하는 데 있어 나무와 꽃, 바위와 조각상 등에도 의미를 부여하여 자연 경관을 인문 경관으로 탈바꿈시키기도 합니다.

천원지방이란 '하늘은 둥글고 땅은 네모나다'라는 뜻이지만, 이 말 속에는 음양陰陽, 천지天地, 건곤乾坤, 상하上下, 동정動靜이라는 우주 만물의 존재와 운행의 이치가 함축되어 있습니다. 말하자면 방지원도형 연못은 바로 지상에 구현한 우주적 이미지이며, 연못은 연지蓮池라는 말 자체에 이미 답이 나와 있듯이 연꽃과 밀접하게 관련 돼 있습니다.

이곳에도 여름이면 연꽃이 핍니다. 옛 정원, 특히 궁궐정원이나 낙향한 사대부들의 별서정원別墅庭園 연못에는 연꽃이 없는 경우가 드물었습니다. 사대부들이 연꽃을 애호했던 것은 연꽃이 유교의 이상적 인간상인 군자의 면모를 가졌기 때문입니다. 그들은 연꽃이 진흙 속에서 나왔으면서도 그에 물들지 않는 청정함을 칭송했고, 잔물결에 씻기면서도 요염하지 않은 것을 상찬했습니다.

줄기 속은 비어있고, 겉은 곧으며, 덩굴로 자라거나 가지를 치지 않고, 멀수록 더욱 맑은 향기를 사랑했고, 우뚝이 깨끗하게 서 있어 멀리서 바라볼 수는 있지만 함부로 가지고 놀 수는 없는 군자의 자태를 사랑했지요.

명재선생은 방지원도를 만들고, 최대한 자연스럽게 주변 건물과 자연에 순응하려는 정신을 고스란히 표출했으며, 또

자기를 발견하고 자신의 길을 찾으면 그때부터 인생은 아주 멋진 환희의 파노라마가 펼쳐지게 되고 행복도 기쁨도 이때 찾아오지 않을까요. 발효의 세월을 넘나드는 장독대는 눈이 올 때도 바람이 불 때도 명재선생처럼 꿋꿋이 숙성되고 있습니다.

다리를 걸으면서 〈몽유도원도〉를 그린 안평대군처럼 무릉도원을 꿈꾸었나요.

'나눔과 포용'은 윤증가의 오래된 미덕입니다. 동학과 한국전쟁을 거치면서 고택이 온전히 남아 있는 이유도 여기에 있습니다. 다시 사랑채 누마루에 앉아 상념에 젖습니다. 옛것이 주는 편안함과 안온함이 깃들면서 번잡한 마음이 사뿐히 내려앉습니다.

전
라
북
도

하루만 사랑해도 천년의 세월 광한루 오작교

선비도 탐관오리도 거닐었던 정읍 군자정의 다리

금산사, 견훤석성의 무지개 다리는 사라지고···

숙빈최씨와 박잉걸의 기억, 태인의 대각교

애국지사 김영상이 자결을 시도한 새창이다리

하루만 사랑해도
천년의 세월 광한루 오작교

광한루원은 은하수를 상징하는 연못가에 월궁을 상징하는 광한루와 지상의 낙원인 삼신산이 함께 어울려 있는 아득한 우주관을 표현하고 있습니다. 광한루의 호수는 이내 곧 하늘의 은하수가 됩니다. 호수에는 지상의 낙원을 상징하는 연꽃을 심고, 견우와 직녀가 은하수에 가로막혀 만나지 못하다가 칠월칠석날 단 한 번 만난다는 사랑의 다리 '오작교'를 연못 위에 설치했습니다.

이는 4개의 무지개 모양의 구멍이 있어 양쪽의 물이 통하게 되어 있으며, 한국 정원의 가장 대표적인 다리입니다.

특히 완월정 뒤에는 호석, 보물 제281호인 광한루 앞엔 자라돌, 광한루에 코끼리 2마리, 토끼와 이의 등을 탄 자라 2쌍, '호남제일루' 편액 위 왼쪽 모서리엔 자라 1마리, 바로 옆 비석 3개엔 거북 모양의 좌대, 광한루 인근의 춘향사당엔 토끼와 이의 등을 탄 자라 1쌍이 있는 등 광한루원廣寒樓苑은 동물원(?)으로 무병장수, 영생불사의 꿈이 깃들어 있습니다. 원래 '원苑'이란 울타리를 쳐 짐승과 나무를 키우는 곳이란 의미가 아닌가요.

광한루 앞편에 있는 돌 자라 한 마리가 못으로 뛰어들어가려는 듯한 자세를 볼 수 있는 바 용궁 세계를 향한 염원을 담고 있습니다. 용궁은 이상향이자 선계이지만 갈 수 없는 곳인 만큼 정원 속에 각

상징물들을 배치해 현실 세계에 이를 구현했던 것 같습니다. 자라돌은 용궁까지도 염두에 두고 조성된 정원이라는 것을 잘 말해주고 있는 것이지요.

광한루의 기둥 좌우로 코끼리 한 마리가 모습을 드러냅니다. 특히 이빨과 코가 아주 상징적으로 표현되어 있습니다. 코끼리는 불교의 유입과 함께 들어온 동물로, 정신적인 힘과 현명함, 신중함, 그리고 힘과 정력을 상징합니다. 힘은 코에서 나온다고 하는데, 이를 높이 쳐들고 있으며, 위의 무게를 등으로 받치고 있는 듯 아주 인상적입니다.

춘향사당의 토끼와 자라장식 역시 광한루처럼 토끼가 자라의 등

승월교는 남원시 노암동과 광한루를 연결하는 요천을 가로지르는 무지개다리입니다. 팔월 한가위 보름달 빛이 아름다운 밤이면 높은 누각에 드리운 황금 달빛 기둥을 타고 내려온 선녀들이 광한루원에서 새벽닭이 울 때까지 춤과 노래를 즐기다가 다시 하늘로 올라갔다는 전설을 현실화했습니다. ⓒ 남원시청

을 타고 있는 모습입니다. 토끼와 거북이는 가깝게는 『귀토설화』의 주인공이지만 설화의 원천을 따진다면 부처의 본생담과 관련있는 동물입니다. 하지만 토끼와 자라는 때로 각기 독자적인 의미를 가진 상징물로 존재하기도 합니다. 토끼는 달의 상징형으로, 자라는 극락 정토를 지상의 공간에 구현하는 상징형으로 볼 수 있습니다.

　해인의 바닷속에 잠겨 있는 용궁은 관념상의 불국정토라 할 수 있습니다. 파도가 잠든 깊은 바다에는 항상 흔들림 없는 심연의 세계가 있고 그 세계를 일러 해인海印이라고 합니다. 사람들은 흔히 마음을 바다에 비유하기도 하지요.

남원 광한루의 오작교는 전북의 현존하는 가장 오래된 다리

(아니리) 동문밖 나가면 금수청풍錦水淸風의 백구白鷗난 유랑遊浪이요. 녹림간綠林間의 꾀꼬리 환우성(喚友聲: 벗을 부르는 소리) 제서 울어 춘몽을 깨우난 듯 벽파상碧派上 떼오리는 왕왕往往이 침몰하여 은린옥척銀鱗玉尺을 입에 물고 오락가락 노난 거동 평사낙안이 분명허고 선원사禪院寺 쇠 북소리 풍편에 탕탕 울려 객선의 떨어져 한산사寒山寺도 지척인 듯 석춘惜春하는 연소들은 혹선 혹후 어깨를 끼고 오락가락 노는 거동 도련님이 보셨으면 외도 할 마음이 날 것이요, 남문 밖을 나가오면 광한루廣寒樓 오작교烏鵲橋 영주각瀛洲閣이 있사온디 삼남 제일승지니 처분하여서 가옵소서

만정 김소희판 춘향가에 광한루와 오작교 이야기가 나옵니다.

(진양조) 적성의 아침날의 늦인 안개는 띄어 있고 녹수의 저
문 봄은 화류동풍 둘렀는디 요헌기구瑤軒綺構 하최외何崔
嵬난 임고대臨高臺로 일러있고 자각단루紫閣丹樓 분조요紛
照耀난 광한루를 이름이로구나. 광한루도 좋거니와 오작교
가 더욱 좋다. 오작교가 분명허면, 견우직녀牽牛織女 없을
소냐 견우성은 내가 되려니와 직녀성은 게 뉘라 될고, 오날
이곳 화림중花林中에 삼생연분三生緣分을 만나를 볼까
(아니리)"좋다 좋다 호남 제일루라 하겠다. 때는 천중지가절
이요 또한 이러한 승지 좋은 데 술이 없어 되겠느냐 술상 가
져 오너라"
술상 놓고 이 삼배 자시더니 취흥醉興이 도도하야 글 한수
를 지어 읊었으되 춘향 상봉할 글이었다.
(시창) 교명오작선인교橋名烏鵲仙人橋요 루호광한樓號廣寒
옥경루玉京樓를 차문전생借問前生 수직녀誰織女오 지응금
일知應今日 아견우我牽牛를 글지어 읊은 후에 다시 일어 배
회徘徊할 제

광한루에 올라앉은 이도령은 단옷날 그네를 뛰고 있는 춘향이의
모습을 보고 첫눈에 반해 사랑을 꽃피웠지요. 신분의 벽을 뛰어넘은
이도령과 성춘향의 사랑은 하늘나라 견우와 직녀의 사랑과 흡사합
니다.

영주각은 인공섬에 만
든 누각 중 가장 큰 것으
로, 연못 동쪽편에는 이
곳으로 왕래할 수 있는
다리가 놓여있습니다.

　　견우와 직녀의 만남이 너무 애
닳아 지상의 까치와 까마귀가 모두
은하수로 올라가 다리를 만들기 때
문입니다. 이 다리를 밟고 만나는
둘의 눈물은 이내 비를 만듭니다. 까치의 머리가 흰 것은 오작교가
된 까치의 머리를 견우와 직녀가 밟아 벗겨졌기 때문입니다.

　　바로 이 전설을 펼쳐놓은 것이 남원 광한루원의 호수와 오작교
입니다. 남원부사 장의국은 1582년 광한루를 수리하면서 그 다리를
새로 놓고 오작교로 부르게 됩니다. 이후 광한루는 정유재란 때 불
타 1626년 복원됐지만 오작교는 처음 모습 그대로 남아 있습니다.
길이 57m, 폭 2.4m, 4개의 홍예경간으로 이루어져 있으며, 현존하
는 연지교중 국내에서는 규모가 가장 큰 것으로 알려져 있습니다. 오
작교를 밟으면 부부 금슬이 좋아진다는 이야기가 있어 많은 사람들

이 찾는 곳입니다. 사랑하는 연인들의 다리로 자리잡게 된 것이죠.

오작교를 걸으면서 생각합니다. 진정한 사랑은 오래 참는 것, 모든 것을 포용하는 것이라구요. 사람에겐 사랑이 가장 중요합니다. 보통 '사랑'의 반대말은 '미움'이라고 생각하지만 사실은 '무관심'이란 것입니다. 아무리 미운 형제가 있더라도 포기하지 말고 끝까지 함께하고자 노력해야한다. 포기하는 것은 사랑이 아닙니다.

하지만 사랑은 언제나 웃음만을 선사하지는 않습니다. 아름다운 사랑이라고 해서 언제나 행복하기만 한 것이 아니기 때문입니다. 그 사랑이 눈부실 정도로 아름다운 만큼 가슴 시릴 정도로 슬픈 것일 수도 있습니다. 하지만 행복과 슬픔이 서로 다른 것은 아닙니다.

때론 너무나 행복해서 저절로 눈물이 흐를 때도 있고, 때론 슬픔 속에서 행복에 잠기는 순간도 있습니다. 더러는 깊은 아픔과 시련도 사랑을 시험에 들게 하며 찾아오곤 합니다. 힘겹고 고통스러워도 사랑은 언제나 사랑의 자리에 있어야 합니다. 그 아름다운 사랑의 추억이 그 가슴에 깃들고, 그 추억을 가슴에 안고 살아간다는 일은 가슴 떨리는 선물이 아닐까요?

'오작烏鵲'의 의미를 살펴보면 '달밝은 별이 빛나는 남쪽에서 날

요천에 소금배가 다니던 나루터를 재현하기 위해 황포돛을 단 소금배를 띄웠습니다.
ⓒ 남원시청

아온 보기 드문 까치'니, 한마디로 먼 옛날 남쪽으로 날아간 남주작이라 말할 수 있습니다. 각성角星에서 서문端門을 열어 정성井星에서 동천우물의 물공사를 시작하며 주작이 날아오르면 오작교가 완성된다고 합니다.

남문南門이 열리면 견우직녀 상봉을 하지 않겠습니까? 그전에 상서祥瑞가 있겠지요. 남쪽에서 날아온 주작의 기운을 상징하는 말이죠. 까치에 대하여 『시경』에서는 '하늘의 희소식을 전해주는 새로, 사람이 잉태하는 상황을 보고 음성으로 알려 주고 있는 힘이 세고 강인하다'고 기록하고 있습니다.

하늘의 소식을 전해주는 까치의 역할은 조물주가 인생창조 역사과정을 밝혀내고 있는 백마의 역할을 상징하고 있습니다. 소식을 전해주는 새라는 것으로, 사람을 까치로 비유한 것입니다. 전해오는 속담 중에 '아침에 까치가 울면 손님이 온다'는 것이 바로 그것입니다.

까치의 생김새를 살펴보면 머리와 날개는 검은색이고 배의 부분은 흰색

완월정은 전통 조선식 누각을 세워 광한루원의 절경을 한층 돋보이게 하고 있습니다. 나무 다리가 놓여 지상의 사람들이 천상의 세계를 꿈꾸면서 달맞이를 할 수 있습니다. 바람이 멈춰서는 이곳의 달빛에 치마폭을 거머쥐고 버선코 살며시 들어 잰걸음 하던 춘향아씨는 어디에 있나요.

입니다. 이러한 까치의 생김새를 사람에 비유해 연관시켜보면 까치의 배 부분이 하얀 것은 본바탕이 깨끗한 사람을 상징하고 있는 것은 아닐는지요.

전설 속의 광한루

옛날 옥황상제가 계신 옥경에는 광한전이 있으며, 그 아래 오작교와 은하수가 굽이치고 아름다운 선녀들이 계관의 절경 속에서 즐겼습니다. 이 전설에 따라 광한루는 천상의 광한전을 재현한 것이며, 완월정은 지상인이 달나라를 즐기기 위해 전통 조선식 누각을 세워 광한루원의 절경을 한층 돋보이게 하고 있습니다.

해마다 이 누각 수중 무대에서 춘향제가 열리고 있으며 1971년에 신축된 수중 누각으로, 조성한 바 이곳에도 다리가 있습니다. 영주각은 관찰사 정철이 주도한 광한루 확장 공사 시 건립된 것으로 보이며 이때는 한주섬漢州이라고 불렸던 것 같습니다. 현재의 영주각은 1795년에 부사 이만길이 재건하고 영주각이란 편액을 손수 써서 걸었다고 『증보 남원지』에 기록되어 있으며, 이곳에도 다리가 있습니다. 영주각에서 광한루를

광한루에서 하룻밤 풋사랑만해도 천년의 세월입니다. 불금을 맞아 창극 춘향을 보면서 나도 모르게 그 세월에 그네를 탑니다.

보기 위해 다리를 건너면서 사람들이 사진을 찍고 있습니다.

광한루 앞 요천 건너편 바위의 아랫 부분엔 '승월대昇月臺'란 표기가 있습니다. 승월대란 말을 풀이하면 달에 오르는 누대라는 뜻입니다. 팔월 한가위 둥근달이 떠오르면 하늘의 선녀들이 광한루원 앞

1,2 사랑이 있는 풍경은 언제, 어디서나 아름답고 행복합니다.

3 직녀가 베틀을 고이는 데 썼다고 하는 지기석을 호수 속에 넣고, 견우가 은하수를 건너 직녀를 만날 때 사용한 배를 상한사로 이름하여 띄워 놓았는데, 바로 오작교입니다.

4 눈 쌓인 광한루에서 울긋불긋 사랑의 세레모니를 하고 싶습니다.

요천변에 내려와 비파를 타며 춤과 노래로 밤새 노니다가 새벽닭이 울 때, 이곳 승월대에서 금빛 달기둥을 타고 달나라로 올라갔다는 전설입니다.

승월대는 요천을 사이에 두고 광한루와 마주하고 있는 바, 그 위에 수임정이라는 정자가 있었다고 해서 근래에 이를 복원합니다. 물을 내려다보는 정자라는 뜻의 이 수임정과 광한루 사이를 이어주는 역할을 재현코자 건립한 다리가 승월교입니다. 승월교는 승월대와 천상의 월궁인 청허부를 이어주던 전설의 금빛 달기둥을 상징합니다.

선녀들과 요천에서 노니다가 승월대 위에서 달기둥을 타고 월궁에 오르듯 사람들이 승월교를 건너 지상의 월궁인 광한루원에 이르게 한 것입니다. 이에 따라 광한루의 정문에는 청허부라는 큰 현판이 걸려 있습니다. 승월교 아래로 약 200m에는 승사교가 있습니다. 이 자리는 승사란 말처럼 뗏배를 타고 강을 건너던 곳입니다. 때문에 그 자리에 설치한 교량을 승사교로 불립니다.

5 남원 광한루원은 신선의 세계관과 천상의 우주관을 표현한 우리나라 제일의 누원입니다.

6 홍예 3개가 드러난 오작교는 달나라 궁전으로 경치가 꿈속 같습니다. 세상이 온통 푸릅니다. 푸른 하늘을 떠받치고 선 나무가 푸르고, 푸른 나무가 비친 물도 푸르며, 그 물가에 서 있는 누각도 푸른 기운에 감싸여 내 가슴도 푸릇푸릇 떨립니다.

7 화강암으로 곱게 깎아 만든 '큰 자라돌'이 삼신산을 바라보고 금방이라도 뛰어들 듯 앉아 있는 모습이 잊혀지지 않네요.

남원시는 2014년 10월 20일 승월교와 춘향교 중간 지점에 소금을 싣고 운행하는 나룻배를 진수했습니다. 이와 함께 현재 십수정 근처에 요천 나루의 유래를 설명하는 안내판을 설치함으로써 시민들과 관광객을 위한 새로운 볼거리로 각광받고 있습니다. 예로부터 여귀꽃蓼花이 아름다워 이름 붙여진 요천은 교통이 발달하지 않았던 시대에 소금배가 섬진강을 거슬러 올라와 이곳에 닻을 내렸다고 합니다.

　　옛 사진 자료에는 목선을 탄 사람과 우마차를 싣고 건너는 모습을 볼 수 있습니다. 요천은 물길을 따라 동서와 남북을 연결하는 매우 중요한 수운水運이었고, 예나 지금이나 남원 사람들의 애환과 정서가 깃든 남원의 젖줄입니다.

선비도 탐관오리도
거닐었던 정읍 군자정의 다리

고창은 성城자랑, 흥덕은 양반 자랑, 무장은 아전 자랑

　고창 무장마을茂長縣은 그 옛날 아무리 좋은 사람이라도 역량이 부족한 현감이 왔다가는 임기를 모두 채우지 못한 채 쫓겨나곤 했습니다. 지방세가 매우 강하여 항상 역량 있는 현감들이 부임해왔죠. 이처럼 풍토가 까다롭고 배타성이 강하다 보니 사람들의 왕래가 잦은 시장이 들어설 수가 없었습니다. 때문에 당시에는 6km나 떨어져 있는 안장 머리장이라는 시장을 다녀야 했습니다.

　그런데 이 장터가 사두봉에서 마주보는 장소였다고 합니다. 사람

둘레의 언덕에 무성한 숲과 좋은 대(竹)가 많습니다. 뜰 앞에 두 아름되는 소나무가 반은 처마 끝을 덮고, 반은 연못 가운데 있어 모든 사람이 군자정을 사랑합니다.
ⓒ 전라북도교육청

들이 모이고 시끄러운 소리가 나므로 뱀이 이곳을 넘보고 공격하는 충돌이 생겨나곤 했습니다. 장날이면 꼭 젊은 청년 한 사람씩이 희생되어 가기까지 했습니다. 현감들은 이 끔찍한 사건을 해결하기 위해 갖은 노력을 다했지만 모두 허사였습니다.

어느 날, 시주를 받으러 온 중이 사두봉을 깎아 우뚝한 뱀의 머리를 수그리면 된다는 묘책을 알려 줍니다. 그래서 현감은 사두봉에서 '안장 머리장'이 안보이게 깎아 내리고 뱀의 두 눈인 용소를 메우도록 지시합니다.

그런데 또 다른 문제가 야기됐습니다. 어디에서 나온 말인지 "현감이 드센 고을의 기세를 꺾기 위해 사두봉을 깎아 형국을 변형시켰기 때문에 인물들이 쇠퇴해지고 새 인물이 나지 않는다는 것."이었습니다.

때마침 지나가던 도사 한 사람이 이 얘기를 듣고 하는 말, "사두봉을 원상복귀를 하기는 어렵지만 고을의 장래를 위해서는 이곳에 나무를 심어 그 높이만큼 자라게 되면 무장 고을은 다시 크게 되리라."고 했습니다. 이 말을 전해들은 현감은 깎아 내린 사두봉에 느

1837년, 홍익모 군수가 두 소나무를 보며 '긴 가지 푸른빛이 그림 문창을 덮고 있음이 끝이지 말라'는 글귀를 남겼습니다. 삐죽 잎을 내민 연잎 한 송이와 한 그루의 소나무는 정읍 선비의 표상인가요.

티나무를 심고 개구리들이 사는 연못을 만들었습니다.

그 뒤로는 변괴가 사라진데다가 평온을 되찾게 되었다고 합니다. 그리고 남산 밑에 있는 연못 자리에 시장을 세우니 차차 인근 장사꾼들이 모여 장이 꽤나 번성했다고 하네요. 사두봉은 무장읍성이 자리잡고 있는 북쪽 성벽으로부터 중앙 부위를 향해 남쪽으로 쭉 뻗어오다 우뚝 머문 작은 구릉입니다.

바로 얼마 전까지만 해도 사두봉 야외독서장과 구 무장초등학교가 있었지만 이마저 다른 곳으로 옮긴 까닭에 오늘날에도 온전히 남아 있습니다. 그 당시 심은 느티나무들이 이제 9cm만 더 자라면 사두봉 높이를 채우게 된다는 믿음(?)으로 굵직한 인물이 배출될 것이란 희망을 지금도 저버리지 않고 있습니다.

이 고을에 인재의 성쇠가, 연정의 흥폐와 관련이 있다

이와 비슷한 향운설화가 있는 전북 유형문화재 제133호 군자정君子亭은 정읍시 고부면 영주로에 위치하고 있습니다. 경북 영주시 평은면 천본리에 위치한 경북 유형문화재 제276호 군자정과 경남 함양군 서하면 봉전리에 위치한 경남 문화재자료 제380호 함양 군자정도 있지만 고부의 군자정은 이들과 유래가 다른 이야기가 전해지고 있습니다.

먼 옛날 고부군은 비옥한 평야 가운데에 있어 부유한 고을이었고 인재가 끊임없이 배출되는 고장이었습니다. 그런데 조선 중엽부터 희한한 소문이 돌기 시작했습니다. 군자정 연못은 고부의 기운이 살아있는 중심혈로, 이 연못이 황폐해 고부에 인재가 나오지 않고,

부임하는 군수들이 1년을 넘기지 못하고 파면을 당하거나 병을 얻는다는 것이었습니다.

고부에 새로이 부임한 군수 이후선이 이 소문을 듣고, 1673년 연못을 다시 정비하고 군자정을 수리했다고 전해집니다. 그 이후로 흰 연꽃과 붉은 연꽃이 화려하게 피어나고 신기하게도 인물도 다시 배출되었으며, 군수들도 불운을 피했다는 전설이 내려옵니다. 이는 이곳의 돌다리는 빠르면 17세기에 만들어졌음을 시사하는 대목이기도 합니다.

이 밖에 고부 향교의 위치가 관아보다 낮은 곳에 있기 때문에 운이 막힌다는 전설이 있어 1765년에 동헌을 지금의 고부초등학교 자리로 옮겼다고 합니다. 이후 군자정은 1764년에 군수 이세형이 수리하고, 1905년에 군수 조규희가 중건했습니다.

최근에는 화사한 연꽃이 활짝 피어 주민들의 쉼터로 각광 받고 있습니다. 이에 고부면은 군자정에서 주민들이 편안한 휴식을 취할 수 있도록 하기 위해 직원들이 연못의 잡풀을 제거하고 금붕어, 치어 500여 마리와 비단잉어, 성어 100여 마리를 방사하는 등 관리를 해오

1 군자정으로 가는 다리입니다. 연못의 가운데에 위치해 4면이 연꽃으로 둘러싸여 있어 '연정(蓮亭)'으로도 불리며, 고부지역 선비들이 음풍영월(吟風詠月)을 하던 곳으로 전해집니다. 하지만 '연정'이란 이름이 군자정으로 바뀌게 된 이유는 정확히 알려지지 않고 있습니다.

2 '군자정'이란 이름은 '연꽃은 꽃의 군자(蓮花之君子者也)'라는 말에서 유래했습니다.

고 있습니다.

고부 사람들은 군자정의 연꽃을 아끼고 있습니다. 가뭄에 잘 피우지 못한다든지 갑작스러운 천재로 인해 피우는 상태가 좋지 못할 때엔 불행한 일이 생기지 않을까 염려하고 있습니다.

> 향기가 멀수록 더욱 맑으며 우뚝 깨끗이 서 있는 품은 멀리
> 서 볼 것이요, 다붓해 구경하지 않을 것이니, 그러므로 연
> 은 꽃 가운데 군자라 한다.

중국 북송시대의 유학자 주렴계는 『애련설愛蓮說』을 통해 진흙 속에서 피어나는 연꽃의 깨끗함과 향기로움이 군자같은 풍모를 가졌다고 했습니다. 적어도 주렴계에게 있어 연꽃의 덕성은 유가의 이상 그 자체였습니다.

또, 불교의 상징적인 꽃이고 연화, 우화, 하화, 만다라화, 부용 등으로 불리기도 하는 바 극락을 '연화 세계'라고도 하니 저마다 꿈꾸는 이상의 상징에 다름 아닙니다. 처염상정處染常淨, 종자부실種子不失, 화과동시花果同時 등 연의 덕성은 불가의 경우, 수행의 목표이기도 합니다.

스스로 더러운 곳에 몸을 담고서도 저는 항상 맑고 향기롭고, 어디서나 본래의 밝은 성품 한결같으며, 그런 이타행 속에서 깨달음을 이루려는 것입니다. 유가의 이상과는 상통하기도 하지만, 사뭇 다릅니다.

군자는 유가의 이상적 인간형입니다. 인의예지신을 갖춰 평천하

를 추구하지만, 실은 평천하보다 수신에 방점이 찍혀 있습니다. 주렴계가 저 홀로 청정하고 향기로워 감히 다가가 언행을 섞기 어려운 연꽃을 군자의 상징으로 꼽은 것은 그런 까닭입니다.

반면 불가의 보살은 애써 더러운 곳에 몸을 담가 더러움을 정화하고 스스로는 깨달음을 이루려는 인간형입니다. 외형의 서술로는 주렴계의 애련설이 적실하지만, 그 생태를 살피면 불가의 정리가 다소 과학적입니다.

군자정에 들어가려면 돌다리 하나를 건너야합니다

군자정에는 역대 고부 군수들의 부서진 영세불망비永世不忘碑가 남아있습니다. 이곳은 갑동학농민혁명 당시 고부군수 조병갑 등이 억압과 착취로 빼앗은 농민들의 혈세로 풍류와 사치를 즐기던 현장 가운데 하나입니다.

앉은뱅이 이빨 물고 치는 북소리, 고부산천 회오리치며 크게 울렸나니, 여우 같은 조병갑이 옷 바꿔 입고, 어디론가 흔적 없이 뺑소니치고, 분바른 계집들 후들후들 떨며, 목숨을 빌었다. 맨땅에 엎드려.

양성우의 시 〈만석보〉에 나오는 '분바른 계집들 후들후들 떨던' 곳이 바로 이곳입니다. 백성들의 어려움을 보살펴야 할 조병갑 군수가 기생들을 불러 술을 마시면서 질펀하게 노닐었다니요. 그래서 이곳의 다리를 걷고 있다는 사실만으로도 우리네 농민들에게 아주 많이 미안할 따름입니다.

이 다리를 건너면서 소가 샘물을 마시면 우유요, 독사가 먹으면 독약이 된다는 사실을 생각해봅니다. 연꽃 향기를 흠모하는 선비와 조병갑 군수와의 차이는 어디에 있나요. 맹자 『등문공장』 하편에 나오는 얘기입니다.

옛적에 조간자가 왕량으로 하여금 총애하는 신하인 계와 함께 수레를 타고 사냥을 하게 했습니다. 왕량이 종일토록 한 마리의 짐승도 잡지 못하자 천하에 값어치 없는 말몰이꾼이었다는 말을 합니다. 그러나 왕량이 하루아침에 열 마리의 짐승을 잡자 천하에 훌륭한 말몰이꾼이라는 찬사를 합니다.

이에 왕량이 말합니다. 법도대로 하니 종일토록 한 마리의 짐승도 잡을 수 없었으며, 부정한 방법으로 짐승을 만나게 했더니 열 마리의 짐승을 잡을 수 있었다는 것입니다. 반칙을 일삼는 리더는 영원한 승리자가 될 수 없다는 맹자의 가르침에 어떤 가느다란 희망이 느껴집니다.

이처럼 모든 사물은 양면성이 있는지도 모릅니다. 같은 칼도 강도가 잡으면 흉기가 되지만 주부가 잡으면 식칼이 됩니다. 같은 물

군자정의 주위에는 아름다운 수목이 어우러져 물 위에 뜬 연꽃의 운치를 더해주고 있는 가운데 정자 주변에는 '선정비'와 '불망비' 들이 놓여 있으며, 기둥에는 군자정기와 한시, 그리고 주련과 한시가 빼곡하게 걸려 옛사람들을 불러오게 합니다.

건도 잘주면 선물이 되지만 잘못주면 뇌물이 됩니다. 모든 사물엔 반드시 밝은 면과 어두운 면이 있듯이 인간의 의식구조에도 긍정적인 면과 부정적인 면이 언제나 지킬박사와 하이드처럼 상존합니다. 부정적인 사고에 찌들어 있으면서 좋은 결과를 바라는 것은 어불성설이 되는 까닭입니다.

부정적인 요소를 잠재우고 이를 긍정으로 보는 당신 때문에 결국은 원칙과 기분이 승리할 것이란 믿음이 헛되지 않음을 확신케 됩니다. 세상이 난세이고 반칙이 난무한다는 말이 나에게도 해당될 무렵이면, 장도의 칼로 허벅지를 찌르며 부정의 끈을 말끔히 자르곤 합니다.

이 다리를 걷는 사람들 모두가 5욕7정의 현장에 깊이 뿌리 내려, 이웃과 기쁨과 슬픔과 고통을 함께 나누며, 현실의 고통과 슬픔에서 벗어났으면 참 좋겠습니다.

저마다 연꽃의 삶을 실천하자 함이니, 그 향기는 멀수록 더욱 맑습니다. 군자정의 연꽃은 매년 아름다운 자태를 보여주는 만큼 필연 고부의 앞날에 밝은 소식이 전해지리라 믿습니다.

군자정 이야기

본래 백제 고사부리군古沙夫里郡으로, 신라때 고부古阜로 고치고, 고려 태조 19년에 영주관찰사瀛州觀察使로 고쳤다. 광종 2년에는 안남도호부安南都護府로 다시 바꾸었다. 현종 10년에 다시 고부로 하였고, 충렬왕 5년에 영광군과 여러군이 병합되었다는 사실이, 여지승람與地勝覽에 기록됐다. 갑오동학혁명 후인 경술년에는, 재판소, 경찰서가 있었고, 헌병대가 있어, 7개 고을을 관할하다가, 5년 후 갑인년에 남선철도南鮮鐵道 개통으로 인해 정읍군으로 합병했다.

군자정君子亭은 어느 때 누가 건축했다는 기록은 없고, 그림기둥 3칸과, 돌다리 3칸, 정 자 둘레에 못을 파서 연꽃을 심고, 그 이름을 연정蓮亭이라 하였다는 전설이 있다. 붉은 연꽃 가운데 흰 연꽃이 피면서, 과거시험에 합격하고 벼슬에 오르게되는 일이 계속했다는 말을 들은 바 있다. 영조 40년 갑신년에, 이세형李世馨 군수가 중수하면서 말하기를 이 고을에 인재人才의 성쇠가, 연정의 흥폐와 관련이 있다고 말하였으니, 과연 보고 깨달음이 밝았다. 둘레의 언덕에 무성한 숲과, 좋은 대竹가 많이 있고, 뜰 앞에 두 아름되는 소나무가 있어, 반은 처마에 끝을 덮고, 반은 연못 가운데 있어 모든 사람이 사랑했었다. 헌종 3년 정유년에, 홍익모洪

益謨 군수가 두 소나무를 보며, 읊조리면서, "긴 가지 푸른 빛이 그림 문창을 덮고 있음이 끝이지 말라"는 글귀를 남겼다. 중수하는 사람이 없어서 정자가 쓰러질 무렵에, 다행히 기해년 가을에 조규희趙珪熙 군수가 도임하여, 좋은 치적을 이웃 고을까지 펴서 행정을 잘해 백성이 화평했으며, 관내의 못과 내를 준설했다. 이 고을 19개 면面에 협력하라는 통문을 내 수천에 달하는 많은 의연금義捐金을 거두고, 신축년 봄에 중건이 다 될 무렵, 조 군수의 전근轉勤으로 완공을 보지 못하고 후에 완공해 무사습예武士習藝의 고장이 됐다. 그 후 세상이 변란으로 인해 무예를 폐지했다.

20년 전의 두 소나무가 말라 죽어, 정자의 경치가 나빠졌다. 임신년에 다행히 이 정자를 경매하게 돼 지방 유지 여러 사람과, 우리 은가殷家의 여러 사람이 힘을 합해, 이것을 다시 사들이니, 반래문중(고부 은씨)의 소유가 되면서 무사습武士習의 장場이 됐다. 슬프다, 고을의 흥폐興廢와 정자의 영쇠가 천리天理의 순환에 있음이요, 사람의 힘으로써는 용이하지 아니 함이다. 이 정자가 조 군수趙郡守의 중건과 임신년에 매입해 유지하지 아니했다면, 어찌 오늘 아름다운 정자를 유지할 수 있는가. 뒤에 사람들도, 조군수와 유지들과 뜻을 같이하면 정자는 오래 유지될 것이다.

- 『군자정기』(은이철)

내가 어린 시절에 이 정자에서 활을 쏘기 시작했는데, 지금 나이 73세로 이곳에서 자라서 이곳에서 늙어졌다. 젊은 시절에 부친으로부터 읍양주선하며, 어른을 모시고 무예를 익힐 때 그때는 참으로 성대했다. 불행히 세상이 변하여 풍속도 바뀌어 군자정이 군사 용지로 빼앗겨서 30여 년 동안 주인이 없으니 정자가 헐고 연못이 황무해 한갓 연잎에 이슬이 맺히고 버들가지에 바람이 스치니 우리들만 우울한 것이 아니요. 길가는 사람들조차도 아까워 했다. 이제 내가 재장으로 있으면서 뜻있는 사람들과 힘을 합해 중수를 하니 그전 모습으로 환원해 기쁜 마음 한량 없구나. 슬프다! 세월이 덧없이 흘러 이제 늙었으니 말이다. 이 정자에서 노니는 사람은 나보다 나이를 더한 사람이 몇이나 되며, 동갑내기는 과연 몇 사람인가? 지금 재주있는 사람이 나보다 다들 젊다. 이 젊은이들은 읍양주선해 어른을 섬기고 무예를 익혀가는 것을 보니 그 사람들이 두렵다. 나의 소원은 남은 나이 동안에는 더욱 건강해서 노익장한 몸으로 정자에서 노소가 같이 놀면서 군자의 명망을 지킬 것이니라.

- 『군자정기』(은희영)

117

봄은 도악道嶽이 깊으니 모든 나무에 꽃이 피니

봉황대鳳凰臺 위에 안개가 개이고

달이 두승산에 오르니 밤이더라

서리눈이 많이 내리니 푸른 솔이 차고

금학루琴鶴樓 앞에 해저문 북소리로다

안개가 거두었으니 푸른 대나무가 맑도다

- '군자정'의 주련柱聯

날듯한 높은 누각은 봉래같고

연못가에서 노래하니 얼굴이 물에 빛이다

물이 깊어 여름에도 더운 날이 없고

십주十洲의 안개는 아침 바람에 쫓기네

시합하는 사수들은 관덕觀德으로 하며

중수한 원님의 공덕을 칭찬하네

육일정六一亭기록은 어디에 있는가

홀로 창문에 기대고 슬퍼하네.

- '군자정' 편액의 글(은희영)

돌다리는 뗏목이요 정자는 봉래로다

연못에 꽃과 잎이 첩첩이 무성하다

달은 산봉우리에 더디 오르고

바람은 동학에 불어오다

여러 사람의 힘을 칭찬하고

고을원님의 공덕을 칭송하다

시를 써서 사실의 빛을 더하니

분을 발라 화장한 그림 같도다.

- '군자정' 편액의 글(은동진)

지각은 완연 봉래蓬萊같아

물 가운데 표연히 서 있네

봄에는 꽃이요, 겨울에는 눈이며

가을에는 달이요 여름에는 바람이라

관덕을 연습하고

경쟁하되 논공은 없다

사시로 경치가 좋아

시를 읊고 다시 글을 쓰다.

- '군자정' 편액의 글(은성숙)

금산사, 견훤석성의 무지개
다리는 사라지고...

퍽이나 잘 사는 사람과 찢어지게 가난한 사람, 넥타이를 차고 검은색 외제 승용차를 모는 사람과 붉은띠를 두르고 가투街鬪에 나선 사람, 전쟁을 좋아하는 한 강대국과 구김살 없는 모습으로 살아가는 아프리카 오지의 나라는 어떤 차이가 있는 것일까요.

잘 모르기는 몰라도 인간들이 만들어 놓은 사상과 관습, 편견, 그리고 약육강식의 논리가 그들만의 세계에서 서로 편을 가르고 마치 대립구도 속에서 모든 사물들을 보라 강요하는 것 같아 씁쓸하기만 합니다.

어쩌면, 지구상에 노벨평화상이라는 상이 지구상에 존재하는 한 이같은 악순환은 피할 수 없는 일이겠죠. 논리의 비약일지는 모르지만 스포츠의 세계에선 1등을 한 운동 선수에게 금메달이 주어지는 것처럼 전쟁을 통해 팍스Pax를 자처하는 오만방자한 어떤 나라에게는 전쟁광분상을 주면 어떨까요. 이기반 시인의 〈금산사 미륵전〉이 떠오릅니다.

1920년 말 금산사 홍예 사진으로 지금은 사라졌습니다.

대불人佛 앞에 마음 밝히면

영겁永劫에 쌓인 백팔번뇌

꽃으로 연꽃으로 만 피던가

꽃보다

석련대石蓮臺 꽃보다 향기속에

오고가는 일월日月을 합장合掌하고

발원하는 대자대비人慈人悲인데

그 향 맑은 불심佛心마저

흘러간 구름인가 바람인가

대답없이 맴도는

허공에

목탁소리만 멍이 든다.

견훤의 유폐지로도 유명했던 금산사

사적 제496호 금산사는 국보 제62호 김제 금산사 미륵전을 비롯, 보물 제22호 김제 금산사 노주 등 보물 10점을 보듬고 있는 백제시대에 창건한 사찰입니다. 통일신라시대 진표율사의 중창 불사 이후 1400여 년의 역사를 가지고 있는 미륵신앙의 본산으로 법맥을 이어오고 있으며,

맑은 하늘 아래 금산사의 미륵전과 금강계단의 모습이 당신의 가을을 응원합니다.

후백제 견훤의 유배지로도 알려진 사찰입니다.

아버지인 견훤이 넷째 아들인 금강金剛에게 왕위를 물려주려 하자, 935~936년까지 재위한 후백제의 왕인 신검이 935년 3월에 이찬 능환 및 동생인 양검, 용검의 권유를 받아들여 반란을 일으켜 동생을 죽이고 아버지를 금산사에 유폐시킨 뒤 즉위한 것입니다. 그럼에도 후백제의 멸망을 막지는 못했죠.

예로부터 금산사를 수호하는 성문이 있었습니다. 바로 견훤석성인데요. 금산리 금산사 성으로 불리며 삼국시대에 절 입구에 쌓은 것으로 추정되고 있습니다. 1920년대 말까지만 해도 아치형의 석조물인 성문 주변에 남북 방향으

122

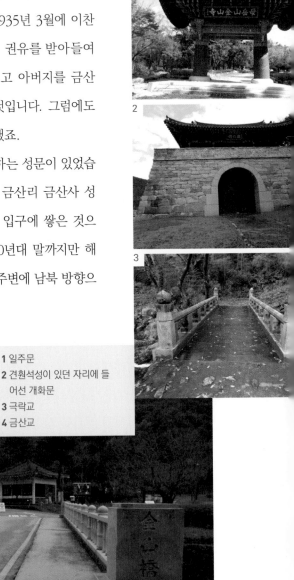

1 일주문
2 견훤석성이 있던 자리에 들어선 개화문
3 극락교
4 금산교

로 성벽이 남아 있었으나 지금은 없어지고 성문만이 남아 있습니다.

성문의 북쪽으로는 개천이 흐르고 있고 개천을 건너 편평한 평지가 형성되어 있는 바, 이 일대에 축대를 쌓으면서 많은 양의 흙이 복토된 것으로 보입니다. 성문의 윗부분에는 다른 구조물을 받치기 위해 사용되었던 2개의 가로대가 놓여 있었습니다. 얼마 전까지 남아 있던 성문의 입구 높이는 380cm, 폭은 320cm, 길이는 425cm 내외입니다.

금산사는 금산교를 비롯, 만인교, 해탈교, 금강교, 그리고 꼭꼭 숨어 있는, 불이문 뒤에 자리하고 있어 일반인들의 출입이 통제되고 있는 극락교와, 또 이름이 붙어지지 않은 다리가 숱하게 많은 것으로도 유명합니다. 그러나 아주 오래된 견훤석성의 홍예는 사라져 참으로 아쉬움이 많습니다.

필자가 오랜 시간 연구한 결과, 금산사 경내에 자리한 '만인교萬人橋'가 1920년에 세워진 것으로 확인했습니다. 『국가지정문화재 지정보고서(문화재청 발간, 2008년)』에 따르면 1920년 만인교를 세우고, 이를 기념하기 위해 '금산사조교기념비金山寺造橋紀念碑'가 세워졌다고 합니다.

하지만 현장에서 사진 촬영을 한 결과, 비가 너무 낡아 한자로 쓰인 '만인교'란 글자 외엔 판독이 거의 불가능해 탁본 등을 통해 시주자들의 이름을 알아내고, 왜 이곳에 비를 만들었는지에 대해서는 추가 연구가 필요해 보입니다.

다만, 안필성이 만인교를 건립할 때 희사금을 많이 냈다는, 일부 자료만 확인됩니다. 최남선이 발간한 《심춘순례》에도 만인교가 당시

1 금강교
2 물소리가 재잘거리는 해탈교 위로 금강교가
보입니다.

에 있었던 것으로 드러났지만 지금까지 건립 연도가 정확히 확인된
것은 이번이 처음입니다.

> 가로질러 가는 시내 위에 변변치 않는 다리를 놓고, 이름만
> 작은 글씨로 만인교라 하여 기적비를 세웠다. 아무리 보아
> 도 비에 든 비용이 다리에 보다 몇 배였을 듯한 것을 보면,
> 목적이 다리에 있는 것이 아닌, 실상 비에 있음이 너무도
> 현저히 드러나 참 한심한 생각이 났다. 중들 이름 위에 직
> 책을 쓰는데, 대본산 모, 연합장 모라고 한 점에 가뜩이나
> 아픈 허리가 거의 뿌러질 뻔하니 이 짓한 그네들도 어질지
> 못한 사람이다.

불가에서는 물 없는 곳에 샘을 파서 물을 공급해 주는 복, 강에
다리를 놓아 쉽게 건너갈 수 있게 하는 복, 험한 길을 닦아 사람들이
잘 다니도록 하는 복, 부모에게 효도하고 잘 봉양하는 복, 병든 이를
돌보아 주는 복, 가난한 이를 도와주는 복, 불법승 3보를 공경하고

공양하는 복, 사람들에게 법문을 알려주는 복 등 팔복전八福田을 가꿀 것을 강조하고 있습니다.

이를 '유위복有爲福', 즉, '함이 있는 복, 셈이 있는 복, 회계가 가능한 복'이라고 하는데, 최남선의 눈에 상당히 거슬린 모양입니다. 만인교 옆에는 '태운 김형렬 선생 등 88애국지사 충혼비'가 서 있습니다.

이어 해탈교를 만납니다. 해탈문 대신 아치형 해탈교가 놓여 있는 것은 산자락의 계곡이 자연스럽게 해자의 역할을 하고 있으며, 또한 사찰을 찾는 사람들에게 성속과 세속의 경계를 지으면서, 마음을 가다듬고 무거운 마음일랑 말없이 흐르는 계곡물에 씻어 흘려보내고 청정심으로 가람에 들어서라는 의미를 담고 있습니다.

여러 가지 작품 속 금산사는 어떤 모습일까

서정인의 소설 《금산사 가는 길》은 두 남자가 금산사를 찾아가는 여정이 풍요롭게 담겨 있습니다. 소설 속 그들의 대화는 눈보라 속에 가득 뿜어올랐다가 다시 날아가버릴 듯하게 아슬아슬한 순간의 것들이어서 더욱 인상 깊습니다.

"정신을 차립시다. 여기서 제정신을 놓치면 죽습니다. 기운
을 차려서 갈 수 있는 데까지 가 봅시다"
"가는 것만이 능사가 아니야. 어디로 가느냐가 문제야"

이 소설의 결말은 결국 금산사에 이르지 못하고 둘 다 눈 속에서

얼어죽는 것으로 끝나고, 따라서 '금산사'의 실체나 존재 유무는 밝혀지지 않습니다.

예로부터 전해 내려오는 효자이야기도 빠질 수 없겠죠. 전북 김제시 금산면에 아버지를 여의고 어머니만을 모시고 사는 젊은이가 살고 있었습니다. 이 젊은이의 집은 찢어지게 가난한데다가 어머니마저 병환으로 누우시게 되었습니다. 젊은이는 겨우 품팔이를 하면서 자기와 어머니의 입에 풀칠하는 것이 고작이었고 약이나 맛있는 고기 반찬을 사다드린다는 것은 도저히 불가능했었습니다. 그래서 아들은 늘 그것이 마음에 걸려 왔었습니다.

그런데 어느 날 젊은이는 마을의 내에 걸쳐진 다리를 건너 가다가 불현듯 다리 아래를 내려다보았더니, 그곳에 고기들이 모여 있는 것이 눈에 띄었습니다. 아들은 '아니! 내가 진작 저것을 못 봤을꼬'하고 얼른 집에 돌아가 채와 바가지를 들고 다시 다리 아래로 내려갔습니다. 그리고 개울을 가로막고 그 속의 물을 퍼냈더니 한 사발 정도의 물고기를 잡을 수가 있었습니다.

아들은 얼른 집으로 돌아와 잡아온 물고기를 끓여 어머니에게 드렸더니 어머니는 놀라움과 기쁨에 남기지 않고 맛있게 모두 드시는 것이었습니다. 아들은 오랜만에 진지를 맛있게 드시는 모습을 보자 무척 기뻤습니다. 아들은 다음날도 아침 일찍 일어나 품팔이 일 나가기 전에 그 다리 밑으로 나가 봤더니 그곳에는 어제와 똑같이 고기들이 모여들고 있었습니다. 이에 아들은 다시 이 고기를 잡아서 정성껏 어머니의 아침 밥상에다 올려놓고 일을 나갔습니다.

그런데 이날도 해가 다 져서 집에 돌아온 아들은 또 그곳에 채와 바가지를 들고 가봤더니 이상하게도 그 막았던 개울물 속에서 고기가 여전히 아침때 그만큼이나 모여들어 있지 않은가요. 그래서 어머니의 저녁 밥상에도 고기반찬을 올릴 수가 있었습니다.

이같은 일이 계속되었습니다. 병석의 어머니는 아들이 장만해주는 고기를 먹기 시작한 후부터는 입맛이 돌아서고, 그러다 보니 점점 기운도 나시고 하루하루 차도가 보이는 듯했습니다.

그로부터 아들은 비가 오거나 찬 이슬이 내리거나 눈보라가 몰아칠 때도 하루도 빠지지 않고, 그 다리 밑에 나가 이상하게 잡아도 또 잡아도 여전히 그만큼 모이는 고기를 잡아 어머니께 효행을 다하는 것이었습니다. 아들의 지성 어린 효행으로 인해 어머니는 병석에서 일어나게 되었음은 물론이었습니다.

그런데 신기하게도 어머니의 병환이 완전 쾌유되자 그 날로부터 다리 밑에 그렇게도 모여들던 고기들은 꺼진 불처럼 안보이게 되었다는 것입니다. 훗날 사람들은 이 다리를 효자인 홍예가 아침저녁으로 찾아와 건넜다고 해서 '금산의 홍예'라 부르게 되었다고 합니다.

실경산수로 희귀한 그림이 있습니다. 1865년 겨울에서 1967년 5월까지 군산 임피에 잠시 살았던 소치 허련의 그림 가운데 전북대학교 박물관이 소장하고 있는 〈금산사도〉입니다. 이는 밝은 톤의 채색 그림으로, 지금
은 볼 수 없는 형

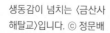

생동감이 넘치는 〈금산사 해탈교〉입니다. ⓒ 정문배

태의 건물과 석등, 홍예, 성문 등이 그려져 있습니다.

금산사를 내려오며

모악산을 넘어 금산사, 황곡마을, 수류성당, 원평장터, 금평저수지로 이어지는 예향천리마실길 21km를 조성하면서 산길 주변에 대해 간벌 작업, 고사목 제거, 가지치기 등을 실시, 아름다운 숲길로 정비한 만큼 여유를 갖고 가 볼 만합니다.

세상살이에서 얻은 부와 지식, 그리고 크고 작은 가슴앓이까지도 모두 훨훨 벗어던지고 비웁니다. 이어 해 질 무렵, 발길을 돌려 심포항 언덕 망해사에서 떨어지는 낙조를 보는 쏠쏠한 즐거움에서는. 망해사의 불빛이 하나, 둘 켜지기 시작하면 시나브로 소슬한 밤은 이내 절정에 이릅니다.

나 하나의 그리움, 소슬한 바람에 실어 보냅니다. 늘 속앓이를 했던 숯검댕이 가슴이 그래도 이 계절에 퍽이나 고맙게만 느껴집니다. 금빛 햇살이 어찌나 유혹하는지 자연의 향기따라, 이름 모를 들꽃 향기따라 촉촉이 상념에 젖어봅니다.

시나브로 산들바람이 솔솔, 이내 대지가 붉게 빨갛게 노랗게 물들어 갑니다. 짝꿍과 오순도순 얘기꽃 피우며 걷는 마실길, 낙엽이 우수수 떨어지는데 바스락바스락 소리를 들

1 만인교

2 만인교의 상징물 연꽃

128

으며 걷는 길, 총천연색 대자연이 오늘따라 퍽이나 참 아름답습니다.

나도 모르게 바람이 차가우니 육자배기 가락이 절로 납니다. 주 러리 주러리 열린 대추, 그 빛깔을 다해가는 감, 제멋대로 커버린 토 종 호박들에 햇살이 저 아래 지평선 아래로 까마득히 보입니다.

청산은 발밑에 들판을 키우고 들판은 가슴속에서 산을 그리워한 다고 했나요. 평야는 산의 품 안에서 자랍니다. 모악산은 바로 그 호 남평야의 어머니 산으로, 평평한 들판에 갑자기 둥글고 밋밋하게 솟 은 저 아래 모두 '금金'자로 시작되는 고을을 품고 있습니다. 금평金 坪, 금산金山, 금구金溝, 김제金堤….

예로부터 이곳은 금이 많이 나오는 곳으로 유명합니다. 전설에 따르면 모악산 아래에 사람과 똑같은 모양의 금덩이가 묻혀 있었던 바 머리와 팔다리 부분은 해방 이전에 일본인들이 다 캐 가고 이제 는 몸통 부분만 남아 있다고 합니다.

3 만인교 옆에 세워진 애국지사 충혼비

4 금산사 만인교비

소치 허련 필 금산사는 홍교를 지나 금산사의 대적광전으로 이어지는 길에 있는 금강문과 보제루의 형식도 지금과는 달랐던 것으로 보여지며, 방등 계단 역시 둥근 원형의 형태를 취하고 있습니다.
ⓒ 전북대박물관

금은 물을 낳습니다. 또, 그 물은 생명을 키웁니다. 만경강과 동진강이 바로 그 젖줄입니다. 생명을 키워내는 엄뫼, 모악산은 풍수학자들에 따르면 떠나가는 배, 곧 행주형行舟形의 연꽃배입니다. 나아가는 방향 역시 불교의 서방정토를 뜻하듯 서쪽으로 향하고 있습니다. 배를 둘러싸고 함께 흘러가는 봉우리들도 하나같이 연꽃잎 형상입니다. 중생을 반야선에 싣고 서방정토로 향해 가는 모습이랄까요.

이윽고 '똑똑똑' 목탁 소리가 들려옵니다. 구중심처 금산사에서 주인의 참마음을 아는지 모르는지, 하얀 고무신도 목탁 소리에 맞춰 두 손 모아 기원을 합니다. 오늘 하루만큼은 '검정색이다 하얀색이다, 이것이다 저것이다, 옳다 그르다' 등에 구애받고 싶지 않습니다.

단, 하루만이라도, 자연성에 맡기며 살고 싶습니다. 무소유가 또 다른 소유의 집착이 되지 않기를 간절히 바랍니다. 세상사로 생긴 가슴앓이, 넉넉한 어머니산, 모악산을 보듬고 있는 금산사에서 훌훌 털어버렸으면 참 좋겠습니다.

숙빈최씨와 박잉걸의 기억,
태인의 대각교

조선조에는 한양에서 충청, 전라, 경상도 방향으로 가는 길을 삼남대로三南大路라고 하는 바, 전국 각지로 가는 노선이 9개 있었습니다. 이 가운데 제7로는 동작진을 지나 삼례, 금구, 태인, 정읍을 거쳐 제주에 이르는 970리 길이었습니다. 이 노선으로 인해 태인은 교통의 요충지가 되었고, 여행객에서 말이나 숙식을 제공하는 거산역居山驛, 태거원泰居院, 주막 등이 설치됩니다.

하지만 태인에서 고부로 가려면 반드시 건너야 하는 다리가 큰비만 내리면 유실되어 이용하기가 행인들의 불편이 심해졌습니다. 이때 자선가인 박잉걸이 사재를 털어 장대석으로 완고하게 만든 다리가 있습니다. 사람들이 '큰 다리'라고 불렀던 대각교입니다.

박잉걸은 만년에 이르러 정읍 지역을 중심으로 활발하게 자선활동을 펼친 인물 중 하나입니다. 그는 가을 구절치九節峙 잿길을, 또 다음 해 봄에는 굴치屈峙 잿길을 닦았습니다. 굴치의 중간쯤 올라가면 보이는 왼쪽 바위 벽에 치도비治道碑와 수도비修道碑의 기록이 그 증거입니다.

慕隱朴公仍傑治道碑 英祖二十三年丙寅三月(1746)

士人朴公仍傑修道碑 英祖43年(1767년)

그는 대각교 외에 현 태인 초등학교 정문 앞에 있는 유각교라는 돌다리를 놓았으며, 또 태인 육방에 많은 토지를 주어 아리들로 하여금 민폐를 없애게 했다고 합니다. 정유재란 때 불에 탔던 석탄사를 중건하고, 마을의 평안을 위해 남근석을 세우고, 춘궁기에는 집의 곳간을 열어 곡식을 나누어 주기도 한 사람이기도 합니다.

정읍에서 칠북선七北線을 따라 칠보로 가노라면 백암초등학교 앞을 흔히 속칭 '걸치기'로 부릅니다. 그리고 사람의 왕래가 많은 이곳에 막을 치고 거기에다 옷과 신발을 걸어놓고 가난한 사람이면 누구나 가져다 입고 신을 수 있도록 항상 걸어 놓으니 가난한 사람들은 먼 곳에서까지 찾아와서 옷을 갈아입고 신발을 바꾸어 신고 가는 것이었습니다. 1986년 지역 인사들이 이곳에 모은박잉걸선생유적비慕隱朴仍傑先生遺蹟碑를 세웠다고 전합니다.

대각교에는 깃들어져 있는 전설

조선 숙종 때 둔촌 민유중이 영광군수로 부임을 가는 길에 대각교에서 잠시 쉬어가게 됐습니다. 마침 그 일행 앞에 지나가는 거지가 민군수의 딸과 너무나 닮아 출신을 물으니 성은 최씨며 부모가 돌아간 무의탁한 소녀였습니다. 비록 옷은 남루하나 용모가 단아하고 총명하여 민군수는 소녀를 데리고 가 기르기로 마음먹었습니다.

훗날 민유중의 딸은 숙종의 부인인 인현왕후가 되었고 그때까지도 대각교에서 얻은 최씨를 항시 옆에 두고 있었습니다. 그 뒤 숙종

은 장희빈의 아름다움에 빠져 결국 인현왕후를 쫓아내고 말았습니다. 이 때부터 최씨는 밤낮을 가리지 않고 인현왕후를 위해 천지신명께 기도를 올렸습니다.

그러던 어느 날 밤, 때마침 암행에 나섰던 숙종이 이를 발견하고 옛주인

1 대각교가 위치한 전북 정읍시 태인면은 국내 어느 곳에서도 찾아볼 수 없는 조선시대 유교문화의 유적과 유물이 많이 전해져 오는 곳입니다.

2 대각교를 설치한 박잉걸은 매년 봄 춘궁기가 되면 대문을 열어 놓고 굶주리는 사람들에게 아침저녁으로 끼니를 먹여 주고 때로는 곡식을 나누어 주었습니다.

을 사모하는 갸륵함에 감복, 곁에 두게 되고 결국 왕자를 낳으니 그 는 뒷날의 영조가 되고 최씨는 상궁에서 숙빈으로 승격됐습니다.

최숙빈은 이때부터 태인 현감에게 명하여 친척을 백방으로 찾았 으나 한 사람도 없었고 부모의 묘 역시 행방을 알지 못했다고 합니 다. 최숙빈은 태인현 최사령崔使令의 딸이라고도 전해지지만 현재까 지 문헌상 확인된 바가 없습니다.

다만, 『숙종실록』에 의하면 "숙종 20년 9월 13일에 영조를 낳았 고 1718년 3월 9일에 돌아갔다"고 기록되어 있을 뿐입니다. 그 후 박 필현의 난이 났을 때 영조는 어머니의 고향이라고 해서 관대하게 용 서했다는 설이 전해지고 있습니다.

지금으로부터 300년 전에 태인천에는 홍수가 나면 유실되

곤 했는데, 태인 백암리(현재 칠보면 백암리)에 살던 박잉걸이

사재를 털어 장대석을 놓아 튼튼하게 다리를 세웠고, '큰

다리'라 부르던 것을 한자로 표기, 대각교大脚橋라 했다.

여운용 씨의 증언입니다.

물론 대각교의 한자 표기에 대한 부분은 명확한 결론을 내리기

어렵습니다. 다만 대각교가 문헌 종류나 구전에 따라 대각교大角橋,

대각교大脚橋, 태거교泰居橋, 대거교大居橋 등의 다양한 표기로 쓰이

고 있습니다.

큰 '대大', 클 '태泰'자의 의미는 분명 있었던 것 같습니다.

도대체 '크다'는 의미는 뭘까요

물 한 방울은 아주 아주 작습니다. 물 한 방울은 아주 아주 가볍

습니다. 물 한 방울은 흔적도 없이 곧 사라집니다. 하지만 그 한 방울

의 물이 또 한 방울의 물과 더불어 똑, 똑 떨어져내리며 끊임없이 두

드리면 커다란 바위마저도 뚫어버립니다.

나태주의 〈풀꽃〉 시를 생각하노라면 어느새 내 마음에도 연녹색

풀물이 들고 평화가 찾아옵니다. 이 봄에 다짐해봅니다. 언제나 누

구에게나 풀꽃을 대하듯이 내 맘 속으로 희망을 말하리라, 행복을

노래하리라.

좁쌀만 한 하얀 냉이꽃, 하얀 별사탕 같은 쇠별꽃, 우산살 꽃대

에 달려 생글거리는 흰 봄맞이꽃, 광대가 고깔을 비스듬히 쓰고 춤

을 추는 듯한 자주색 광대나물꽃, 깜찍하고 앙증맞은 꽃다지, 돌돌

말린 꽃대가 스르르 풀어지면서 방글대는 하얀 꽃마리, 꽃송이 안에 밥알 두 톨을 물고 있는 듯한 며느리밥풀꽃….

이들 풀꽃은 자잘합니다. 앉은뱅이꽃입니다. 땅에 바짝 엎드려야 비로소 보입니다. 허리를 구부려 자세를 낮추면 눈부신 들꽃 세상이 펼쳐집니다. 풀꽃은 늘 '저만치 혼자' 피어 있습니다. 누가 알아주지 않는다고 징징대지 않습니다.

집착하거나 끌탕하지 않습니다. 그저 무심하게 피었다가 미련 없이 집니다. 무명용사나 농부의 삶과 똑같습니다. 삶이 힘들 때 수줍게 핀 작은 꽃을 찾아 조용히 바라보면 마음속에 쌓였던 근심과 분노가 사라지고 소박한 기쁨을 얻게 됩니다. 자연이 주는 작은 행복인 셈입니다.

당초 대각교가 있었던 곳은 현재 정읍시 태인면 거산리 거산교居山橋에서 태인천 하류 쪽으로 약 200m 지점에 해당됩니다. 대각이

최숙빈과 인연을 가진 대각교는 근래에 서울 목포 간 1번 국도가 그 위쪽으로 나면서 쓸 수 없는 다리가 되고 말았습니다.

가든 앞에는 1933년에 2번째 만들어
진 대각교, 1986년에 거산교, 그리고
2005년에 만들어진 대각교 등 3개의
다리가 나란히 남아 있어 눈길을 끌고
있습니다.

   대각교는 큰 물이 져도 별 손상 없
이 잘 버티고 있었으나 일제강점기 때
그 위로 국도 1호선이 개통되면서 헐리
고 말았습니다. 그 후 대각교는 몇 십
년 동안 땅 속에 묻혀 있다가 1979년에
모래 채취 작업을 하면서 발견됩니다.

   여운용 씨는 상판과 좌대로 쓰인
장대석 및 소나무로 깎아 만든 커다란

1 대각교의 상판으로 사용된 것으로
추정되는 바위가 대각가든의 정원
석으로 쓰고 있음을 확인할 수 있
었습니다. 지난 1979년 모래 채취
작업을 하던 중에 대각교의 장대
석(長大石)이 발견됐지만 복원이
이뤄지지 않아 이곳저곳을 헤매고
있습니다.

2 지금은 대각교 터 위를 지나 동진
강을 가로지르는 다리에 '대각교'
라는 이름이 붙어 있는 바, 이는
땅 주인의 민원으로 이루어졌다고
전합니다. 원래의 대각교가 없어
지면서 주민들이 그 옆에 있던 거
산교를 대각교와 혼용해서 부르기
시작했고 땅 주인은 문화재로 지
정되어야 마땅할 대각교가 이름까
지 사라지는 것은 옳지 않다고 여
겨 민원을 제기하였고, 그 뜻이 받
아들여진 것입니다.

말뚝이 대량 발견됐지만 원래 형태나 놓인 방향은 정확히 알 수 없었
다고 합니다. 장대석이 가장 많이 발견된 곳 근처에 조선시대까지 사

용하던 길과 주막도 있었는데, 이 역시 국도 1호선 개통과 농경지 개간 때문에 없어졌다고 말합니다.

그는 파낸 30~40여 개로 추정되는 장대석 대부분은 땅에 다시 묻고, 농토로 사용할 부분에 묻혀 있던 돌들은 근처에 쌓아 놓거나 정원 둘레에 놓아두었다고 말합니다.

수많은 전설을 간직한 대각교, 지금은 건너는 사람이 없지만 주변에 흩어져 있는 갈대와 무성한 들꽃과 풀꽃들만은 전설의 내력을 알고 있는 듯 살랑이는 바람에도 고개를 휘저으며 끄덕이고 있습니다.

풀꽃 반지, 풀꽃 향기, 풀꽃 사랑, 풀꽃노래, 풀꽃 웃음 … 하고 적다가 문득 '풀꽃 같은 삶'에서 나의 눈길이 멈춥니다. 풀꽃 같은 삶이란 어떤 것일까요. 그저 순하고 부드럽고 여린 낭만적인 모습의 삶은 아닐 것입니다.

때론 척박한 땅 속으로 깊게 뿌리 내릴 수 있는 강인함, 아픔을 견디는 인내, 도전을 두려워 않는 용기를 지녀야만 감히 풀꽃을 닮은 삶이라고 이야기 할 수 있지 않을는지요?

그냥 풀꽃이지만, 내가 관심을 가지고 들여다보면 하나하나 예쁘지 않은 꽃이 없습니다. 나도 풀꽃 같은 사람이 되고 싶습니다. 길가에 널려있어, 늘 가까이 있어 자세히 봐야지 예쁘고 오래 봐야 사랑스러울지 모르겠지만 오래도록 지치지 않고, 한결같은 모습으로 어디서든 만날 수 있는, 풀꽃 같은 사람 말입니다.

비록 그 진가를 잘 알 수 없다고 해도 혹시 알아주지 않는다 해도 척박한 땅에 단단히 뿌리를 내리고 인내를 통해 꽃을 피우기를 다짐해봅니다. 풀꽃이 있어 좋고, 새싹이 있어 좋은 봄입니다. 시나브로 희망의 싹이 돋아납니다. 불꽃보다 힘차고 더욱 뜨겁게 솟아오르는 내 이름은 그냥 풀꽃입니다.

대각가든 바로 옆에 자리한 '숙빈 최씨 만남의 광장'은 여러분들에게 어떤 의미가 있나요. 풀꽃에게 '대각'의 진정한 뜻을 다시 한 번 물어봅니다.

삼남의 효자 유장춘과 조석교

정읍의 조석교는 유장춘이 아침저녁으로 물고기를 잡은 다리라고 해서 붙여 진 이름입니다. 예전에는 작은 나무다리였으나 지금은 튼튼한 시멘트 다리가 그 이름을 대신하고 있습니다.

백죽교는 유장춘의 효성에 감복해 붙여진 이름으로, 정우면에서 신태인으로 가는 길목에 지금은 작은 시멘트 다리가 놓여있습니다.

정읍시 태인면에서 고부를 향해 가다보면 정우 근처에 '조석교'라는 작은 다리를 지나게 됩니다. 이 다리에는 다음과 같은 전설이 전해져 내려옵니다. 정우면 양지마을에 유장춘이라는 효자가 살았습니다. 다섯 살 때 아버지가 돌아가시고 홀로 남은 병든 어머니를 위해 아침저녁으로 이 다리 부근 웅덩이에서 고기를 잡았습니다. 다른 사람들은 고기를 잘 잡지 못하는데, 유장춘은 많은 고기를 잡을 수 있었습니다. 그의 효행이 지극하기 때문이라고 해서 사람들은 그 다리를 조석교라 불렀습니다.

또 다른 전설도 있습니다. 하루는 생선 장수가 말 등에 조기를 싣고 다리를 건너는 중이었습니다. 유장춘은 생선 장수를 보면서 저런 생선 한 마리를 어머니께 드리지 못하는 것을 한탄하고 있었습니다.

그런데 갑자기 말이 유장춘을 보고는 무릎을 꿇더니 가지 않으려고 버티는 것이었습니다. 아무리 채찍을 휘둘러도 말이 움직이질 않았습니다. 하는 수 없이 생선 장수는 다리 밑에 있는 유장춘에게 도움을 요청합니다. 유장춘은 다리 위로 올라가 말머리를 쓰다듬어 주면서 말을 달래었습니다. 말은 반가운 사람이라도 만난 듯 벌떡 일어서 걷기 시작했습니다. 이에 생선장수는 조기 다섯 마리를 유장춘에게 주면서 고마움을 표시합니다. 그리고 유장춘이 어머니를 봉양하기 위하여 날마다 이 다리에서 물고기를 잡는다는 이야기도 듣게 됩니다.

생선 장수는 태인시장에다가 조기를 대어주는 행상이었습니다. 그런데 뜻밖에도 태인에 도착해보니 생선값이 많이 올라 있었습니다. 이때부터 생선장수는 태인장에 가는 길에 반드시 유장춘 집에 들러 어머니께 생선 몇 마리씩을 드리곤 했습니다. 유장춘의 효성에 하늘이 감동한 것이라고 사람들은 생각했습니다.

유장춘은 1631년 어머니 이씨 부인이 세상을 떠나자 부안 변산에 어머니의 묘를 썼습니다. 그리고는 무덤 아래에 움막을 짓고 시묘살이(부모가 돌아가시면 무덤 옆에 막을 짓고 3년을 지내는 일)를 시작했습니다. 그런데 고행의 3년 시묘살이가 끝나갈 무렵, 아버지의 제사를 지내기 위해 부안에서 정읍으로 돌아오는 길이었습니다.

유장춘의 부인 김씨는 3년 동안이나 시묘살이에 지친 남편을 위해 흰 닭죽을 끓여가지고 마을 밖까지 마중을 나갔습니다. 그러나 유장춘은 이 닭죽을 받아먹기는커녕 아직 시묘살이도 마치지 않았는데, 이같은 호사스러운 음식을 먹을 수 없다며 닭죽을 길바닥에 쏟아버리고 말았습니다.

이에 사람들은 유장춘의 효성에 감탄하고 그의 효성을 기리기 위해 이 다리를 흰죽이 쏟아진 다리라고 해서 '백죽다리', '백죽교'라고 불렀습니다. 나라에서도 그의 효를 기리기 위해 그의 마을에 1655년에 정문(충신·효자·열녀 등을 표창하기 위해 집의 문 앞이나 마을 입구에 세우는 문)을 세웠다고 합니다.

애국지사 김영상이
자결을 시도한 새창이다리

넓고 풍요로운 평야를 가진 김제는 쌀의 곡창지대로 일제의 수탈 대상이었습니다. 쌀 침탈을 원활하게 하기 위해 길이 800m, 폭 3.5m의 새창이다리를 건설할 정도로 말입니다. 현재 우리나라에서 가장 오래된 시멘트 콘크리트 다리로 확인되며 1928년부터 1933년까지 공사 기간 5년을 들여 완성되었습니다. 6·25전쟁으로 인해 일부를 보완했지만 원형을 거의 고스란히 간직, 그 역사성이 아주 큽니다.

새창이다리는 먼 옛날 신창진이 지나가는 곳에 자리하고 있습니다. 신창진은 만경강의 본래 이름으로 조선시대까지 사용해오다가 1914년 일제가 행정구역을 통폐합하면서 현재의 이름으로 바꾸었다고 합니다. 만경의 '경頃'자는 '백만이랑'이란 뜻으로 넓은 들을 뜻하며, '만경강'이란 이름은 만경현萬頃縣에서 비롯됩니다. 만경현은 본래 백제의 두내산현豆內山縣이었는데, 신라 때 만경현으로 개칭돼 김제군에 속했다가 고려 때에는 임피현에 속했으며, 1914년 김제군에 합병됩니다.

『동국여지승람』을 보면 하류는 신창진, 상류는 안천雁川(현재의 고산천)과 남천南川(현재의 삼천천과 전주천)이라고 적고 있습니다.

'안천'은 전주부의 북쪽 25리에 있으니, 고산현 남천의 하

류가 주계州界에 이르러 직연直淵이 되고, 안천이 되며, 삼
례역 남쪽에 와서 추천楸川과 합류한다. '남천'은 전주부의
남쪽 3리에 있다. 남천의 근원은 여산현에서 나오는데, 부
의 동남에 이르러 성을 둘러 북으로 가련산을 지나 추천이
되고, 모악산에서 나온 물과 합해지면서 삼례역 남쪽에 이
른다. 다시금 고산 웅현의 물과 합해지면서 서쪽으로 흘러
회포가 되며, 조수가 여기까지 들어온다. 옥야沃野, 이성以
城을 지나서 신창진이 됐다. 신창진은 전주부의 서쪽 70리
에 있다. 김제와는 남쪽으로 20리 거리이다.

이긍익의 『연려실기술 지리전고』에도 소개됩니다.

시멘트가 닳아 철근이 드러난 상태의
새창이다리는 현존하는 가장 오래된
콘크리트 다리입니다.

만경의 신창진은 근원이 고산의 남천에서 나오는데, 운제
산, 주줄산 두물이 현의 남쪽을 지나 전주 북쪽으로 들어
가 직연이 되고, 안천이 된다. 이 물은 삼례역 남쪽에 이르
러서 전주 남천의 북류와 합하며, 또 서쪽으로 흘러 옥야와
이성을 거쳐 김제 경계에 이르러 신창진이 되는데, 조수가
들어온다. 만경현을 지나서 북쪽의 바다로 들어간다.

춘우정투수순절추모비

세월이 흘러 다리가 노후되고 교통량이 증가하면서 1988년 바로
옆에 만경대교 총연장 600m, 교폭 10m를 만들게 되면서 지금은 차
량 통행이 금지된 상태입니다. 현재의 만경대교 밑으로 가면 1978년
6월 30일 지방 인사들의 발의로 세운 '춘우정투수순절추모비春雨亭
投水殉節追慕碑'가 모습을 드러냅니다.

1910년 양국조서讓國詔書가 내려 나라는 일본에 망하고 나라 안
팎이 온통 비통에 싸여 있는데 일본의 천황이 조선의 선비들에게 은
사금을 내렸습니다. 이 해 10월 면장을 통해 은사금恩賜金 사령서가
나왔지요. 그는 이를 몇 번이고 거절했으나 여러 차례 보내 왔습니다.

이때 선생은 원수의 문서에 내 이름을 그대로 둘 수 없다고 해 이
름 3자字를 갈기갈기 찢어 버렸습니다. 이 일이 있은 지 몇 달이 지
난, 1911년 4월 그는 불경죄로 동곡東谷헌병대로 잡혀가 군산옥群山
獄으로 넘어가게 됩니다.

그는 5월 6일 동국헌병대를 출발, 태인, 김제를 거쳐 8일 만경을
지나 이곳의 신창진나루를 건너게 됩니다. 나룻배가 강의 한가운데

쯤에 이르렀을 때, 선생은 순식간에 몸을 물속으로 던졌습니다.

그때 호송하던 일본헌병 재등齋藤이 급히 물속으로 뛰어들어가 그를 구출해냈습니다. 그러나 그는 단식투쟁을 하다가 5월 9일 군산 옥에서 사망하기에 이릅니다.

1906년 무성창의 당시 창의문을 낭독하기도 했던 선생은 구한 말 당시 석지 채용신과 면암 최익현, 돈헌 임병찬 등과도 매우 밀접한 관계를 유지하면서 일제에 당당히 맞섰던 인물로, 1991년 건국훈장 애국장에 추서된 바 있습니다. 다음은 춘우정 절명사입니다.

> 옛날 굴원은 그 충정으로 멱라수에 몸을 던져 한 생을 마쳤
> 거니. 이제 나는 양구의 운을 당하여 사진으로 가노라. 술
> 삼배로 어복에 든 충혼을 위로하고 노중연의 답해를 따라
> 영원히 물가를 내리리라.

선비가 지녀야 할 가장 중요한 덕목은 글과 도덕, 의리와 범절입니다. 이같은 덕목이 겨레가 나라를 잃어가고 또 잃었을 때 어떠한

1 멀리서 바라본 새창이다리의 전경입니다.

2 일본 순사들과 다섯 선비들이 지켜보는 가운데 신창진 나루를 건너는 도중 물속에 뛰어든 항일지사가 춘우정(春雨亭) 김영상(金永相) 선생입니다. 새창이다리는 이 같은 사실을 알고 있을까요.

3 〈김영상투수도〉. 석지 채용신은 김영상 선생의 애국혼을 그림으로 남깁니다. ⓒ 김능운

4 춘우정 김영상 투수비(새창이다리 옆)

5 판관원세철영세불망미(새창이다리 아래)

대응으로 나타났는지 따져보면 선비인지, 아닌지를 알 수 있습니다.

온 나라에 선비가 없는 곳이 어디 있을까요. 그렇지만 모든 곳에서 역사적 책무를 다하고 나선 것은 아니었습니다. 그래서 선비라고 모두 같은 선비는 아니라는 말이 전하고 있습니다.

김영상 선생은 이에 합당한, 요즘 유행하는 말로 '참' 선비임이 틀림없습니다.

"나라를 잃은 선비가 무슨 낯으로 세상을 대할 것인가" 새창이다리를 올 때면 선생의 목소리가 귓전을 맴돕니다.

채용신의 그림

조선시대 초상화의 전통을 계승하면서도 사실적인 서양화법을 도입, 근대 인물화의 전형을 이룬 석지 채용신(1850~1941)은 이때 군산형무소로 이감되던 중 만경강 신창진에 빠져 자결하려던 일화를 소재로 〈김영상투수도 金永相投水圖〉 세로 73.5cm, 가로 50cm 크기의 그림을 그렸습니다.

작품을 보면, 하늘에서 내려다보듯, 그린 화면 중앙에는 배가 가로질러 떠 있습니다. 그 옆 좌측에 물에 뛰어들어 죽기를 몸부림치는 김영상이 안타까울 따름입니다. 이를 본 배에 탄 두 명의 순경이 당혹해하며 배를 멈추고 건져 내기를 독려하고, 같은 배의 승객과 뱃사공도 갑작스럽게 일어난 이 사태를 이해하지 못한 채 안절부절 못하고 있습니다.

재미있는 것은 화면 상단 밑에 가로로 연기를 뿜고 지나가는 기차가 그려져 있다는 사실입니다. 1914년 호남선 철도 대전 목포간의 철로가 개통되었으니 이 무렵 기차가 운행되었을 터입니다.

부감법 즉 그림의 시점을 높은 곳에서 아래를 내려다보는 것처럼 그리는 방법으로 화면 중앙에는 배가 가로질러 떠 있습니다. 채용신은 〈김영상투수도〉를 비롯, 당시 척사파였던 면암 최익현 초상, 정읍 태인 무성리 무성서원의 거유인 간재 전우, 노사 기정진 초상화 등을 그리기도 했습니다.

현재의 새창이다리

하지만 신창진이 역사 속으로 사라지게 되고, 또 인근의 동지산 나루터 등도 기능을 상실했으니 어쩌면 새롭게 생긴 다리는 이 지역 사람들에게 나쁜 존재인지도 모릅니다.

한때는 다리 위에서는 망둥이와 숭어 낚시로 강태공들의 발길이 끊이지 않았고, 다리 아래 만경강에서는 실뱀장어잡이를 통해 이곳 주민들이 큰 소득을 올렸지만 새만금공사로 인해 해수 유통이 막히면서 지금은 옛날이야기가 되어 버렸습니다.

하지만 12월과 1월 사이에는 만경강 너머로 떨어지는 일몰 광경과 버려진 실뱀장어잡이 배, 그리고 예스러운 다리 난간에 색다른 운치를 느끼게 하면서 강태공들의 낚시 장면을 손쉽게 볼 수 있습니다.

이와 함께 '새창이다리' 인근에 선착장을 설치, 어부의 체험 공간을 만들어 만경강 생태체험과 숭어, 붕어 등 투망체험, 낚시터 등을 조성할 예정입니다. 김제시 청하면은 매년 4월 유명 시인의 시화전 및 그림전, 사전전 등을 개최하는 한편 최근엔 쉬어갈 수 있는 벤치와 오색찬란한 가로등을 설치했습니다. 박순자의 〈새챙이다리〉입니다.

갯벌이 도란도란

빛살 머금고 있었다

내 삶이 쓸려나간

이곳에 서서

드리우는 낚시줄 하나

오늘도

오늘 띄워놓은 채

그리움이 노 저어간다

새창이다리 밑에 '판관원세철영세불망비'가 자리하고 있음을 볼 수 있군요. '동치칠년'으로 기록, 1874년 8월에 건립된 것으로 드러났지만 왜 이 비가 이곳에 자리하고 있는지는 알려지지 않아 궁금증을 더하고 있습니다.

'굴뚝다리'로 통하는 보길도 판석보

윤슬에 더욱더 빛나는 천은사의 수홍루

삼별초의 항전 생생한 진도 남박다리

단 하나뿐인 누각 나무다리 태안사 능파각

보안낭자의 치마를 찾습니다! 화순 보안교

돌개 세 마리가 반기는 낙안읍성 평석교

'굴뚝다리'로 통하는
보길도 판석보

'벗'이란 무엇일까요. 이것저것 따지지 않고 '벗'고 주어야 '벗'입니다. 가리지 않고 내 알몸을 보여주는 사람, 숨기지 않고 내 허물을 보여주는 사람, 감추지 않고 내 눈물을 보여주는 사람이 참벗이니 '벗'고 주어야 '벗'입니다.

참다운 친구는 찾는 게 아니라 뒤돌아보면 언제나 그 자리에 있는 거래요. 태평양 바다에 동전을 던져 이를 찾을 때까지 영원한 게 우정입니다. 세상이 정전되어 깜깜할 때, 제일 먼저 너에게 달려가서 촛불을 켜줄 수 있는 게 우정입니다. 우정이 모래시계 같았으면 좋겠

습니다. 끝날 쯤에 다시 돌려놓으면 되니까요.

사람이 하늘처럼 맑아 보일 때가 있습니다. 종종 사람에게서 하늘 냄새를 맡습니다. 스스로 하늘 냄새를 지닌 사람만이 그런 냄새를 맡을 수 있습니다. 친구親舊의 '친親'자의 한자 구성을 보면 '나무 위에 서서 묵묵히 지켜봐 주는 것'입니다.

오른손 내밀어 손잡고 지친 어깨를 두드리던 친구, 아무 말 하지 않아도 조용히 가슴과 눈빛으로 말하며 낙심했던 마음 위로했던 친구, 고난이 닥쳐 눈물 흘리면 손수건 고이 접어 건네며 말없이 일을 해결하고 웃어주던 친구. 주름살처럼 늘어난 세월 앞에 이름만 들어도 웃음이 나고 왠지 어깨에 힘이 들어가는 살다가 문득, 누군가가 필요할 때, 그때 꼭 떠오르는 얼굴, 그립기만 하고 보고 싶고, 만나고 싶은 게 바로 친구입니다.

신의는 상대방이 내게 맞추어 주기만을 기대하는 게 아니라, 내가 그 사람에게 맞추어 주려고 노력하는 데서부터 생겨납니다. 사람이 곧 재산이라는 것, 잊지 마시고 먼저 우산처럼 챙겨주세요. 먼저 줬으니 나도 얻어야겠다는 욕심만 버린다면 분명 당신 그런 좋은 이웃, 좋은 사람을 얻을 수 있습니다.

언제나 사무치는 마음으로 살았던 윤선도는 〈오우가〉, 〈어부사시사〉를 비롯, 자연을 노래한 많은 시를 남겼습니다.
ⓒ 완도군청

우정이란 친구를 딛고 내가 높아지는 것이 아니라, 친구가 나 자신을 딛게 해 친구를 높이는 것입니다. 그것은 둘이 함께 높아지는 일이기도 합니다. 하지만 나를 칭찬하고 잘해주는 사람이라고 좋은 친구는 아닙니다. 나를 바르게 세우고 옳은 길을 가도록 하는 친구가 좋은 친구입니다. 내가 힘들고 외롭고 아플 때 누군가 영혼처럼 다가와 이렇게 말해 줄 겁니다. "내가 너의 그런 사람이라고…" 그리고 다짐해 보세요. "나도 누군가 그대에게 그런 사람이 되겠노라"고.

윤선도의 참 벗은 사람이 아니었습니다

다섯 친구, 즉 오우가五友歌와 보길도 판석보가 참 벗이었다는 생각이 듦은 왜일까요. 우리말의 아름다움을 잘 살려서 시조를 높은 경지로 끌러 올리며 고산이 56세 되던 해, 영덕 배소에서 돌아와 금쇄동에서 천석을 벗삼아 지어 『신중신곡』 속에 들어 있는 뛰어난 작품입니다.

나의 벗이 몇인가 헤아려 보니 수석과 송죽이라. 동산에 달이 밝게 떠오르니 그것은 더욱 반가운 일이로다. 나머지는 그냥 두어라. 이 다섯 외에 더 있으면 무엇하겠는가? 구름의 빛깔이 깨끗하다고 하지만 자주 검어지네. 바람 소리가 맑다지만, 그칠 때가 많도다. 깨끗하고도 그칠 때가 없는 것은 물뿐인가 하노라. 꽃은 무슨 까닭에 피자마자 쉬이 져 버리고, 풀은 또 어찌하여 푸른 듯하다가 이내 누른 빛을 띠는가? 아마도 변하지 않는 것은 바위뿐인가 하노라. 따뜻해지면 꽃이 피고, 추워지면 잎이 떨어지는데, 소나무야, 너는 어찌하여 눈서리를 모르고 살아가는가? 깊은 땅 속(혹은 저승)까지 뿌리가 곧게 뻗은 것을 그것으로 하여 알겠노라. 나무도 아니고 풀도 아닌 것이, 곧게 자라기는 누가 시켰으며, 또 속은 어찌하여 비어 있는가? 사시사철 늘 푸르니, 나는 그것을 좋아하노라. 작은 것이 높이 떠서 온 세상을 다 비추니 한밤중에 광명이 너보다 더한 것이 또 있겠느냐?(없다) 보고도 말을 하지 않으니 나의 벗인가 하노라

〈오우가〉의 서시로, 초, 중장은 문답식으로 다섯 벗을 나열하여 자연과 벗이 된 청초하고 순결한 자연관을 우리말의 장점을 잘 다듬어 세련되게 표현했습니다. '또 더하야 머엇하리'에서 작자의 동양적인 체념관을 발견할 수 있습니다.

물은 영구적입니다. 물은 구름이나 바람과 달리 깨끗하고 항시 그치지 않는다는 점에서 고산 윤선도가 좋아하는 소재이고, 예로부터 지자는 요수라 했으니, 고산의 요수하는 심정을 담은 이 시조는

『보길도지』에는 '세연정이 못의 중앙에 있었다'고 기록되어 있고, 정자 서쪽, 제방 동쪽 겨우 한 간쯤의 넓이에 물이 고여 있으며, 중앙에는 거북이가 엎드려 있는 형상의 암석이 있습니다. ⓒ 완도군청

끊임없이 바라는 지적 추구의 발상이라고 할 수 있습니다.

바위의 변하지 않는 생명성을 찬양한 노래로, 꽃이나 풀이 가변적이고 세속적이라 한다면, 바위는 영구적이요 철학적입니다. 꽃이나 풀이 부귀 영화의 상징이라면, 바위는 초연하고 달관한 군자의 모습으로 바위는 동양미의 진수와 통합니다.

소나무는 역경에서도 불변하는 충신 열사의 상징으로 여기며, 예로부터 소나무는 충신열사의 상징으로 자주 등장하는 소재로 여기에서도 절의의 상징으로서 칭송하면서, 그 이면에는 자신의 강직한 고절高節을 나타내고 있습니다.

대나무는 사군자의 하나로 옛 선비들의 굳은 절개를 상징하는 상징물로서 사랑을 받아온 것인 만큼

거북이 등에 다리를 놓아 누에 오른다고 기록하고 있어 이 다리를 비홍교라고 불렀습니다. 지금은 그 자리에 잡석을 쌓아 호안과 방단이 연결되어 있어 흔적을 찾기가 어려워 아쉬움이 남습니다.

이를 찬양하고 있습니다. 달은 인간의 원형 심리에 뿌리를 둔 문학적 소재이면서도 작은 존재로 장공長空에 홀로 떠서 세상만 비출 뿐 인간의 미, 추, 선, 악을 꼬집지도 헐뜯지도 않아 좋다고 했습니다.

정현종 시인의 시 〈섬〉은 고작 두 줄입니다. 섬들 사이에 물이 있는 줄 알았는데, 섬이 사람들 사이에 있습니다. 사람들이 섬들이고 그들 사이에 물이 채워져 있다면 배를 타고 물을 건너도 그 사람의 허락 없이는 오르지 못합니다.

그러나 우리들 사이에 섬이 있는 것이라면 그 섬이 개인 소유가 아니라면 특별히 주인의 허락 없이도 올라갈 수 있을 것입니다. 많은 평론가들은 이 시가 고독한 현대인의 삶을 표현하고 있지만 나는 이 시에서 오히려 긍정을 읽습니다.

소통은 이룰 수 있고, 그래서 이루고 싶을 수 있습니다. 하지만 소통에 대한 지나친 기대는 금물입니다. 칼릴 지브란의 〈함께 있되 거리를 두라〉라는 시가 적당한 소통이 무엇인지 알려줍니다.

함께 있되 거리를 두라

그래서 하늘 바람이 너희 사이에서 춤추게 하라

서로 사랑하라

그러나 사랑으로 구속하지는 말라

그보다 너희 혼과 혼의 두 언덕 사이에 출렁이는 바다를 놓아두라

서로의 잔을 채워주되 한쪽의 잔만을 마시지 말라

서로의 빵을 주되 한쪽의 빵만을 먹지 말라

함께 노래하고 춤추며 즐거워하되 서로는 혼자 있게 하라

마치 현악기의 줄들이 하나의 음악을 울릴지라도 줄은 서

로 혼자이듯이

서로 가슴을 주라, 그러나 서로의 가슴속에 묶어두지는 말라

오직 큰 생명의 손길만이 너희의 가슴을 간직할 수 있다

함께 서 있으라, 그러나 너무 가까이 서 있지는 말라

사원의 기둥들도 서로 떨어져 있고, 참나무와 삼나무는 서

로의 그늘 속에선 자랄 수 없다

친구와의 소통에 관한 지나친 기대와 집착을 하는 것은 내 마음에
그만큼 고독해져 있음을 입증하는 것인 만큼 이를 어찌해야 하나요?

산들이 둘러 있어 바닷소리가 들리지 않는다

전남 완도읍에서 서남쪽으로 12km쯤 떨어진 보길도는 물이 맑
아 자연경관만으로도 아름다운 곳이지만, 고산 윤선도의 유적으로
더욱 알려진 곳입니다. 보길도甫吉島의 명칭은 옛날 영암의 한 부자
가 선친의 묏자리를 잡기 위해 풍수지리에 능한 지관을 불렀는데, 지
관이 이 섬을 두루 살핀 뒤 '십용십일구十用十一口(甫吉)'라는 글을 남
기고 떠났습니다.

이 글의 뜻을 풀기 위해 월출산 선암사의 스님에게 내용을 물으
니 섬 내에 명당자리가 11가 있는바 10구는 이미 사용됐고 나머지 1
구도 이미 쓸 사람이 정해졌다고 풀어 보길도라 불렀다고 전합니다.

고산 윤선도, 그의 나이 51세 때인 1637년에 왕이 남한산성에서

청나라에 항복했다는 소식을 듣고 다시는 세상을 보지 않으리라 다짐하고 제주도로 향해 가던 중, 상록수가 우거진 아름다운 섬 하나를 발견하고는 한 섬에 터를 잡았는데, 그곳이 바로 보길도입니다.

그가 거처로 마련한 낙서재樂書齋 주위는 '사방이 산으로 빙 둘러싸여 있고 푸른 아지랑이가 어른거리고 무수한 산봉우리들이 겹겹이 벌려 있는 것이 마치 반쯤 핀 연꽃'과도 같은 형국입니다. 그래서 그곳을 부용동이라고 명명했습니다. 그곳은 풍수적인 의미로는 명당이며 윤선도의 낙원입니다. 보길도는 세연정에서 보는 인공정원의 풍경과 동천 석실에서 내려다보는 전망, 〈어부사시사〉의 현장인 예송리 해안에서 보는 바다 풍경들이 대단히 아름다운 빼어난 섬입니다.

그는 격자봉 밑에 낙서재와 무민당을 짓고 이곳에서 생활하면서 학문에 몰두하고 제자를 가르치면서 세상의 근심을 잊었습니다. 병자호란의 국치와 추잡한 당쟁의 소용돌이를 피해 부용동의 아름다운 절승에 의탁하여 자기구제와 초속적 자유를 얻은 것입니다. 부용동은 고산이 죽을 때까지 13년간 살면서 7차례나 드나들었고, 〈어부사시사〉 40수와 수십 편의 한시를 창작합니다.

곡수당 지역은 초당, 석가산, 평대, 연지, 다리, 화계, 월하탄이 조성되어 고산이 휴식하던 장소입니다. 곡수당 옆에는 서재가 건립되어 고산의 아들들과 제자들이 살던 곳입니다. 동천석실은 낙서재 건너편 바위산 험한 경승지에 자리잡고 있습니다.

얼마나 사무쳐야 하늘문이 열리고 얼마나 울어야 가슴이

트이나요. 얼마나 속아야 행복하다 하고 말하고 얼마나 버

려야 자유가 깃드는 것인가요. 얼마나 닦아야 거울 마음 닮

을까요. 얼마나 빛나야 윤슬 모양 닮을까요

몇 해 전, 8월 보름달이 두 번이나 뜬 적이 있습니다. 달의 공전주

기 때문에 이같은 일이 일어난 것입니다.

이를 '블루 문'이라고 하는데요, 영어로는 'once in a Blue

Moon'으로 표기하며, 아주 드물게, 아주 흔하지 않다는 말의 대명

사가 됩니다. 아주 간절히 바라면 두 번의 달이 뜰 수 있다는 생각을

해보곤 합니다.

간절히 바라면 이루어진다는 말을 정말 좋아합니다. 윤선도도 저

같은 마음이었을까요. 『삼국지』의 적벽대전에서 유비가 조조의 30

만 대군을 이기게 한 것은 다름 아닌 동남풍 때문이었습니다. 제갈

량이 몸을 가지런히 하고 천지신명에게 간절히 기도하자, 서북풍이

사라지고 기적같은 동남풍이 분 것입니다.

정말로 죽는 심정으로 많은 노력과 열정을 100% 쏟아부었는데,

결과가 좋지 않았다면 운이 없어서가 아닌, 방법에 문제가 있었을 확

률이 아주 높습니다. 더욱이 너무 대견스럽게 잘 하다가 너무 힘들어

끝물에 포기를 하는 터에 그르치며 안타까운 일을 종종 보게 됩니다.

혹여, 간절히 바래도 이루어지지 않는다, 세상은 원래 그런거다,

이렇게 처음부터 못박아놓고 부정적인 생각과 패배의식에 사로잡힌

적이 없지 않았는지 곰곰이 생각해봅니다.

만일 그런 일이 있었다면 외쳐보세요. '제갈량은 되는데, 왜 나는

세연정은 세연지와 회수담 사이에 정자를 짓고 정면에 붙인 이름으로, 윤선도가 꿈꾸는 지상의 낙원입니다.

못하는가'나 혼자 외로이 꾸면 꿈에 불과하지만 저를 비롯한 절친, 애인, 멘토 등이 함께하면 현실이 됩니다.

여러분, 좌절하고 힘든 일이 혹여 잘 풀리지 않았다면 저처럼 아주 편하게 외쳐보세요. '내 혼의 동남풍, 내 삶의 블루 문' 집착이 아닌 몰입이어야 함, 아시죠. 시작이 있었으니 반드시 끝이 있을 것이란 기대와 희망 때문에 당신 아주 잘 될 겁니다.

깨끗하고 단정해 기분이 상쾌해지는 곳, 세연정

판석보板石洑는 우리나라 조원 유적 중 유일한 석조보로 일명 '굴뚝다리'로 부르며, 세연지의 저수를 위해 만들었습니다. 건조할 때는 돌다리가 되고 우기에는 폭포가 되어 일정한 수면을 유지하도록 했습니다. 보의 구조는 양쪽에 판석을 견고하게 세우고 그 안에 강회를 채워서 물이 새지 않게 한 다음 그 위에 판석으로 뚜껑돌을 덮었습니다. 판석보는 한마디로 물막이 석보石洑인 셈입니다.

동대는 세연정에서 바라보아 판석보 오른쪽에 위치해 있고 가로 6.7m, 세로 7.5m의 장방형으로 높이는 약 1.5m이며 자연석으로 쌓았습니다. 〈어부사시사〉가 불리면서 여러 사람이 군무를 즐겼던 곳으로 맞은편이 서대입니다.

'굴뚝다리'를 볼 때마다 김현승 시인의 〈검은빛〉이란 시가 생각납니다. 시인은 "빛을 넘어 빛에 닿은 단 하나의 빛"이라고 검은색을 노래합니다. 검정은 인간이 인식을 한 최초의 색이라 할 수 있습니다.

굴뚝다리는 공자가 말한 '회사후소繪事後素', 즉, 그림을 그리는 일은 흰바탕 위에 한다는 말처럼 하얗게 살라는 의지를 담은 상징인가요, 아니면 논산 돈암서원 꽃담의 글귀 '지부해함地負海涵' 즉, 땅이 온갖 것을 다 실어주고, 바다가 모든 물을 다 받아준다는 의미로 김장생 선생의 인품이 확연히 드러나 보인다는 말처럼 모든 것을 포용하라는 의미인가요?

계단 맞은편에는 네모난 인공 연못을 파고 물을 그쪽으로 끌어 들였습니다. 물이 들어오는 쪽 수구를 낮고 넓게 만들고, 나가는 쪽 수구를 30cm쯤 높고 좁게 조성하니 자연스럽게 네모 연못을 한 바퀴 돌아 나가게 되었고, 그래서 이름도 회수담이 됩니다.

판석보를 지나면서

물은 흘러야 썩지 않은 법입니다. 감춰진, 깊은 산속의 한겨울에도 얼지 않습니다. 주변은 비록 얼지라도 끊임없이 흐르는 물 한가운데는 언제나 그대로입니다.

물레방아와는 친구로, 한 점의 눈송이로 하늘을 날고 싶지만, 언제나 같은 자리 같지만 살아 있어 돌고 돕니다. 제아무리 어지러워도 살아있습니다. 깨어 있습니다. 미운 사람처럼 성내지 않아요.

성난 사람처럼 다투지 않아요. 힘센 사람처럼 빼앗지 않아요. 도래샘은 나무를 키우고, 나무는 도래샘의 울타리가 됩니다. 하늘도 품고, 새들도 쉬다가고, 나뭇잎이 떨어져 친구가 되고, 바람 불면 함께 출렁이다가 흔들리다가, 또 그렇게 평안을 찾아 동글동글, 때굴때굴 굴러, 지혜의 샘물입니다.

눈감으면 푸른 파도를 박차고 허공으로 치솟아 불타오르던 태양, 어둠을 뚫고 밝혀주던 달, 소나기처럼 쏟아질 것 같던 별들의 반짝임이 손에 잡힐 듯 가깝게 다가섭니다. 윤선도는 눈보라 치던 어느 날 밤에 수많은 별빛을 얼마나 주웠을까요?

물을 얻기 위해 도래샘에 가면 샘물을 길어 올립니다. 지혜도 같이 길어 올리기를 바랍니다. 갈 곳을 가기 위해 길을 걷습니다. 내 인생의 목적지도 함께 생각하기를 바랍니다. 열매를 얻기 위해 나무에 올라갑니다. 내 이름의 열매도 많이 얻기를 바랍니다.

높이 1m의 판석을 폭 2.5m로 세우고 그 속에 강회를 넣어 물이 새지 못하게 한 후 판석으로 뚜껑을 닫듯이 머릿돌을 올려놓았습니다. 우리나라 조원 유적 중 유일한 석조보로, 판석보 또는 굴뚝다리로 부르고 있습니다.

차를 운전하기 위해 도로 표시판을 봅니다. 내 생각의 표시판도 같이 보기를 바랍니다.

정상에 오르기 위해 산을 오릅니다. 산을 오르는 고통만 참지 말고 내 생활의 어려움도 함께 극복하기를 바랍니다. 친구를 만나기 위해 찻집에서 기다립니다. 친구만 기다리지 말고 내 마음이 참으로 만나고 싶은 것도 같이 기다리기를 바랍니다. 비가 올 것인가를 알기 위해 하늘을 바라봅니다.

내 삶에도 구름이 끼고 비가 내릴 때가 있으리라는 것을 알기 바랍니다. 반짝이는 별을 보기 위해 어두운 밤하늘을 봅니다. 별만 찾지 말고 절망 속에서도 피어나는 희망의 등불을 찾기를 바랍니다.

어둠을 타박 말고 몸을 돌려 태양을 보세요. 사람을 존중하세요. 끊임없이 도래샘처럼 베푸세요. 하지만 풍덩풍덩, 찰랑찰랑, 구비구비, 흘러흘러, 돌아돌아, 모든 것을 녹이며 속절없이 그냥 떠나가기가 쉽지 않네요. 그러나 흘러흘러 가는 그리움과 돌아돌아 가는 서러움이 있지만 도래샘에는 마침표가 없습니다.

윤슬에 더욱더 빛나는 천은사의 수홍루

방하착放下著을 잘 하고 계시나요? 우리 마음속에는 온갖 번뇌와 갈등, 원망, 집착 등이 얽혀있는데, 그런 것을 모두 내려놓고 마음을 편하게 가지라는 뜻입니다. 하지만 미움도 사랑도 증오도 돈도 미모도 건강도 장수도 다 내려놓기는 힘든 것이 인간의 삶입니다. 담기에만 급급한 이 시대에 내려놓기란 도무지 어려운 숙제가 아닐 수 없습니다. 참다운 휴식을 하루라도 할 수 있다면. 삶이 팍팍하면 진정한 방하착이란 무엇인가 생각해보게 됩니다. 내 삶을 편집하기가 참 어렵다는 생각이 드는 오늘에서는.

지리산 노고단 가는 도로의 길목에 호젓하게 들어앉은 천은사

천은사, 화엄사, 연곡사 등 구례 3대 사찰 중에서 천은사는 아름다운 풍경으로는 단연 으뜸으로 꼽힙니다. 828년, 인도에서 온 덕운 스님이 우리나라의 명산을 두루두루 살핀 끝에 세운 사찰이지요. 고려 후기 충렬왕 대에는 '남방제일선원'으로 지정될 정도로 번성해 선찰로서 명성이 자자했습니다. 천은사에 딸린 암자, 수도암은 고려에서 가장 뛰어난 선승들로 숲을 이룰 정도였다고 합니다.

이곳에서 유명한 보물은 고려 공민왕의 국사였던 나옹화상이 선물하고 간 '불감'입니다. 아주 작게 축소한 불교 건축물의 모형으로 높이가 43cm밖에 안된다고 하니 정말 작지요? 개인용으로 가지고 다니며 기도하기에는 참 편리했을 듯합니다. 작은 방 안에 앉아 문을 열어, 가만히 부처님의 자비로운 미소를 바라보며 합장하는 늙은 선승의 모습이 그려집니다.

예전에 이 절에는 '감로천'이라는 샘이 있었다고 합니다. 달디단 이슬같은 물은 흐렸던 정신을 맑게 하고, 영험한 약효까지 있다는 입소문에 사방에서 스님들이 구름같이 모여들었다는데요. 그런데 언제부터인가 그 샘에 구렁이가 자꾸 출몰해서 사람들을 놀라게 했다고 합니다. 그래서 누군가가 그 구렁이를 잡아 죽였는데, 그 후부터 이상하게 샘이 말라 버렸대요. 샘이 숨어버린 거죠. 그 뒤로 절에는 화재가 끊이지 않았는데, 사람들은 샘을 지키는 구렁이를 잡아 죽여서 부정을 탄 것이라 수군거리기 시작했답니다.

그러던 어느 날 조선시대 4대 명필 중 하나로 손꼽히는 원광 이광

천은사의 일주문을 가만히 보고 있자니 끊임없이 정진하는 선승의 모습같이 느껴지네요.

사가 이 사연을 듣고 딱하게 여기게 됩니다. 사찰의 화기를 잠재우기 위해 그는 '지리산 천은사'라는 편액을 썼습니다. 물 흐르는 듯한 수체로 획마다 중간중간에 힘이 들어가 용틀임하는 듯한 느낌입니다. 시원스럽게 쓴 이 편액을 단 후로는 화재가 일어나지 않았다고 합니다. '샘이 숨어버린 절'이라는 뜻인데 원래 '감로사'로 불렸던 이름이 '천은사'로 바뀌게 된 순간이죠.

지금도 고요한 새벽에 물소리가 들린다고 하는 이도 있습니다. 나무, 불, 흙, 쇠, 물 같은 오행에 깃든 보이지 않는 물질 이면의 흐름까지 감지했던 옛사람들의 마음으로 혼까지 읽어낸 것이 아닐까 합니다.

하지만 안타깝게도 천은사의 역사는 상당부분 공백으로 비워져 있습니다. 조선시대 임진왜란과 정유재란이 앗아간 것은 천년 고찰의 전각뿐만이 아니었기 때문입니다. 왜군의 광포함에 천은사의 역사 기록마저도 모두 불타버렸습니다. 천은사와 화재의 악연은 여기서 끝난 것이 아닙니다. 불타버린 천은사는 그 후 여러 차례 재건되지만, 잇따른 화마로 인해 다시 주저앉고 마는 비운을 겪었습니다. 현재 천은사 대부분의 목조건물들은 조선 영조 대인 1774년에 혜암선사가 세웠다고 전해집니다.

잃어버린 역사를 못내 아쉬워하며 발걸음을 떼자니, 일주문 진입로 오른편 아름다운 금강송들 사이로 살짝살짝 보이는 '승탑전'으로 자꾸만 시선이 갑니다. 잠시 올라와보면, 담장 너머로 아름드리 금강송이 서로 어울려 춤추며 병풍을 둘러 '승탑전'을 감싸고 있는 모습이 인상적입니다.

스님들의 사리를 모시는 역할을 하는 승탑. 천은사에는 조선후기의 승탑이 대부분인데요, 키 작고 소박한 탑들을 보니 부귀영화를 뒤로하고 산속에서 두문불출하며 수도에만 정진했을 선승들의 모습이 눈에 선합니다.

잠깐 편액 이야기를 해볼까요?

편扁자는 원래 서署의 뜻으로, 문호 위에 제서함을 가리키며, 액額자는 이마의 뜻입니다. 건물의 '이마에 건다'는 뜻을 따서 편액扁額이라고 부르는 것이죠. 편액은 흔히 현판懸板으로 통칭됩니다.

깊은 의미와 유래를 담은 현판이 우리 도성의 성문이나 궁궐의 문, 그 밖의 각종 건축물 곳곳에 걸려 있습니다. 전통적으로 경복궁 등의 궁궐이나 해인사 등의 사찰 같은 유적지에서 볼 수 있는 것은 가로쓰기 현판이 다수를 차지하지만 숭례문 현판은 가로로 쓰는 관행을 어기고 세로로 써서 내걸었습니다.

세로 현판은 우연의 일치인지는 몰라도 화제와 연관성이 있는 듯싶습니다. 숭례문崇禮門에서 '숭崇'자는 불꽃이 위로 타오르는 듯한 모양이고, '례禮'는 오행으로 화火이며 방위로는 남쪽을 나타냅니다. 불이 타오르는 풍수적 의미의 문자가 된 것입니다. 한양은 풍수지리적 특성에서 볼 때 좌청룡에 해당하는 낙산駱山이 허약하며, 조산朝山이 되는 관악산이 지나치게 높고 화기가 드세다는 약점을 지닙니다.

특히 관악산은 그 뾰족한 봉우리 생김새가 화산火山의 기운을 지닙니다. 따라서 남대문은 불꽃이 타오르는 형상인 '숭崇'자와 오행에서 화火를 상징하는 '예禮'를 수직으로 포개어 놓아 관악산이 뿜어내는 화기를 막고자 했습니다. 이렇게 되면 '불로써 불을 제압하고 다스린다以火治火'는 뜻을 온전하게 구현하게 된다고 믿게 된 것입니다. 하지만 지난 2월 11일 6백여 년의 위용을 자랑하던 숭례문은 한순간에 화마가 삼켜버려 안타까운 마음이 큽니다.

'모악산 금산사' 역시 세로 현판입니다. 금산사 일주문을 지나 100m쯤 오르면 작은 개울 건너에 자리 잡은 것이 금강문입니다. 금산사는 인진왜란 때 뇌묵당 처영대사가 승병을 일으킨 중심지였습니다. 이에 대한 보복으로 정유재란 때 왜병들에 의해 모두 불태워졌는데, 그때 금강문만이 유일하게 불타지 않았습니다.

서울특별시 유형문화재 제67호인 '흥천사 명부전'의 현판도 세로입니다. 힘차고 당당한 세로글씨는 고종 황제가

1 한때는 1,000명이 넘는 스님들을 모여들게 한 감로천

2 물이 흐르는 듯한, 일명 이광사의 수체로 적힌 지리산 천은사

썼다고 합니다. 역시 연산군 시절에 화재로 전소되면서 자취를 감춘 적이 있었습니다.

권오영 한국학중앙연구원 교수는 이에 대해 "현판을 세운다 해서 무슨 화기를 막겠느냐"며 "어디에도 그런 근거는 없다"는 주장을

내놓았습니다. 그에 의하면 유독 숭례문 현판을 세운 까닭은 조선왕조를 뒷받침한 『논어』에서 유래합니다. 공자가 남긴 말 중 하나로 '시에서 흥이 생기고 예에서 일어나고 악에서는 이룬다'는 말이 그 근거라는 것입니다.

'인의예지신仁義禮智信'과 같은 유교의 가치 이념을 음양오행설에 접목해 서울성곽 문 이름을 지은 조선왕조의 이데올로기들은 남쪽에 예禮를 배정해 이를 활용한 숭례문이란 이름을 지으면서 그 현판을 세우게 된 까닭이 바로 이 논어 구절 중 '입어례立於禮'에 있다는 권교수의 설명입니다. 다시 말해, 예를 통해 사람은 일어난다 했으므로 숭례문이란 현판 또한 세워서 달게 되었다는 것입니다.

세로로 현판을 만드는 것은 건물 구조상의 문제 때문이라는 서예가 서홍식의 주장도 있습니다. 금산사 가람의 중심에 자리한 대적광전 외부 정면 처마 아래에 걸린 '대적광전' 현판도 석전石田 황욱 선생이 1991년 세로로 썼습니다.

지리산 노고단에서 시작된 세찬 바람은 어느새 살랑대는 솔바람이 되어 속삭인다

일주문을 향하여 발을 내딛으니 시끄러운 자동차 소리 대신, 이따금씩 구슬픈 곡조를 뽑아내는 깊은 산속의 새소리, 마음을 어르는 구수한 불경소리가 들려옵니다. 큼직한 기와지붕을 이고 선 천은사 일주문 앞에서 마음이 평온해집니다. 미풍에 살랑이는 나무들은 모든 잡념을 내려놓고, 일주문으로 들어가자고 정겹게 속삭입니다.

불교에서 선업으로 생각하는 것 가운데 '보시'가 있습니다. 보시는 재물을 남에게 나누어 주든가 스스로 자신이 고행하면서 남에게 은혜를 베푸는 일입니다. 이러한 활동에 가장 적합하게 표현되는 중의 하나가 다리를 놓는 일이었습니다. 다리를 놓아 사람이 불편 없이 다니도록 하는 것은 불교 사상과 맞는 일이기 때문입니다. 그래서인지 예부터 승려 가운데에는 가교 기술자가 많았죠.

사찰의 안팎뿐 아니라 민간 지역에서의 가교에까지 승려들이 다수 참여한 사실이 많았습니다. 현재 사찰 주변에 아름다운 옛 다리가 많이 남아 있는 것도 승려들이 우수한 다리 축조 기술자라는 수준을 말해 주고 있습니다.

특히 사찰 지역에는 유독 구름다리 형식의 다리가 많이 보입니다. 이는 다리라는 구조물을 경계로 하여 천상의 불국과 지상의 속세를 잇는 사상적인 의미를 포함하고 있는 듯합니다. 또한 사찰이 있는 위치는 주변의 빼어난 경관에 어울리는 다리의 형식이 널다리보다는 구름다리가 더욱 어울리기 때문이기도 합니다. 그 밖에 사찰의 다리에는 누다리와 계단 형식의 다리도 보이고 있습니다.

물길을 따라 눈길을 돌리면, 윤슬이 찬란한 계곡 위로 놓인 무지

1 일주문을 지나 사시사철 맑은 물이 흐르는 계곡 위로 무지개다리가 놓여 있는 바, 계곡 위에 놓인 다리를 보통 피안교로 부르고 있습니다.

2 천은사의 수홍루의 편액이 보입니다. '수홍(垂虹)'이란 무지개가 드리워져 있다는 의미로 염제 송태회의 글씨입니다.

개다리 '홍교' 위로 누각 '수홍루'가 올라앉아 '천은제'를 내려다보고 있습니다. 계곡과 어우러진 수홍루는 천은사를 대표하는 경치라고 할 수 있을 만큼 아름답습니다.

피안교 위에서 바라보면 저수지의 모습은 속을 뚫을 만큼 시원한 정경입니다. 이곳에 서면 속세의 마음을 떨쳐 마음도 가볍고 또 몸도 가벼운 느낌입니다. 여름이면 소나기가 내린 뒤에 아름다운 무지개가 이 계곡 위로 걸치곤 하니, '수홍루'라는 이름이 정말 허투루 붙은 이름은 아니네요.

천은사의 수려한 풍광과 감로천의 전설은 그 옛날 많은 시객들의 시심을 흔들어 놓았던지, 천은사의 아름다움을 읊은 한시가 다수 전해오고 있습니다. 그들의 눈에 비친 천은사는 어떠했을까요? 1983년에 천은제가 들어섰으니 그때는 저수지가 없었을 것이고, 꼬불꼬불 산길을 걸어들어 오다가 만난 그 옛날의 '수홍루'는 지금보다 더 고색창연한 얼굴빛으로 길손을 반겨주었을 겁니다. 조선 후기 '최연'이라는 선비는 천은사를 어떻게 느끼고 있었는지, 〈감로사에서〉라는 한 시 한 편을 감상해보도록 할까요?

> 암자에서 수도하며 열흘을 머물다
> 감로사로 돌아와 속세를 멀리해 자연과 벗하고 있네
> 산 꽃이 다 지니 섭섭함이 크나
> 신록이 그늘을 지어 그윽함이 있네

점점 맑고 세찬 계곡물 소리가 더 커집니다. 천은사 계곡을 휘감아 흐르던 계곡물은 이내 수홍루를 지나 저수지로 들어와 몸을 풉니다. 천은제의 고요한 수면은 천은계곡의 짙푸른 녹음을 거울처럼 그대로 비추어 담아, 그 작은 품속에 넓은 천은 계곡도, 광대한 하늘도 너끈히 품어 버립니다.

삼별초의 항전 생생한 진도 남박다리

　언제나 하나의 아름다움이 익어가기 위해서는 반드시 하나의 슬픔과 하나의 고독도 함께 깊어져야 합니다. 발효된 세월이 주는 그리움이란 얼마나 깊어져야 하는 일인지 깨닫습니다. 얼마나 아파보아야 봄꽃이 될 수 있을까요.

　그리움 하나로 구만리 장천을 나는 새들은 서쪽 하늘을 붉게 물들이고, 저 강물은 뿌리까지도 한 줌도 남김없이 온몸 바다로 가 닿습니다. 기회란 내가 던진 물수제비가 물살 위를 배회하다가 데구르르 구른 후 강 맨 밑바닥까지 닿을 때까지 참고 기다리는 자의 특권인가요?

　이 땅에 살고 있는 우리는 얼마나 더 외로워져야 가슴에 작은 아픔 하나 밝힐 수 있을는지요. 정녕코 온몸을 던지면 당신에게 그리운 사람이 될 수 있을까요. 종종 '산을 넘고 싶은 소망이, 바다를 건너고 싶은 소망이 날개를' 갖게 하지만 '이기심과 욕심에 눈이' 어두워지면 그 날개를 잃게 됩니다.

　하지만 꿈은 도망가지 않습니다. 도망가는 것은 언제나 자기 자신입니다. 꿈은 실패할 때가 아니라 포기할 때 끝납니다. 흐르는 강물을 잡을 수 없다면 차라리 바다가 되어 기다리기로 맹세합니다.

　당신은 물욕의 산과 바다를 넘어 삶의 질을 중히 여기는 사람들이 기대고 싶은 날개입니다. 지금, 내가 가야 할 길을 얼마만큼 닦고 있는가, 얼마나 피어올라야 할 것인가, 얼마나 풍성해야 할 것인가, 얼마나 깊어져야 할 것인가요.

봄이 만들어낸 풍경을 밟고 지나갈 때면 때론 공허하지만, 수십 번, 수백 번도 넘어질 때마다 주먹을 쥡니다. 놓칠 수 없는 것들, 놓치고 싶지 않은 것들이 여전히 많기 때문입니다.

토방에 살포시 내려앉은 햇볕을 벗한 채 고샅에 서성거리고 있는 당신! 이 봄날 어디만큼 흘러가고 있는가요. 사람과 사람 사이에는 그리움과 아쉬움이 따라야 향기가 납니다. 고통도 몸 안에서 화석처럼 굳어지면 그리움이 되는 걸까요.

진도 남도진성은 전남 진도군 임회면 남동리에 위치하며 사적 제127호로 고목에 핀 매화의 향기나 너무나도 알싸합니다. 고려시대의 삼별초항전, 조선조의 임진왜란 등 숱한 질곡을 모두 이겨내온 진도 사람들은 아무리 힘이 들어도 결코 향기를 팔지 않았기 때문입니다. 어둠을 묶어야 별이 뜹니다. 인생은 높이 올라가야 하는 것이 아니라 깊어져야 합니다.

겨울 혹한을 견디지 않고서야 어찌 매화의 향기가 코를 찌르리요.

175

한송주 문예비평가는 "단홍교의 무지개는 조금 가라앉았으며 물매도 곱지 않아 한쪽이 찌그러졌다. 쌍홍교의 무지개는 모양이 봉긋 솟았으며 물매가 곱게 섰다"고 했습니다. ⓒ 양세용, 진도군청

매화의 향기는 혹독한 추위를 견디어 온 인내의 산물이지만 밤이 깊어 적막할 때 비로소 먼 곳에 서도 스며드는 은은한 향기가 있으니 '암향'이라고 합니다. 그래서 매화의 향기가 떠돎을 뜻하는 말이 '암향부동暗香浮動'으로, 적어도 진도 사람들에게 해당되는 말이 아닐는지요.

진도아리랑은 국난으로 슬픔과 설움에 맺힌 한 극복의 상징

육지와 섬의 접경인 전라우수영과 녹진은 바다의 폭이 좁아짐에 따라 조수간만의 차로 심한 회오리 물살을 일으켜 외부의 접근을 방해하며, 험난한 지형 때문에 역사적으로 진도는 삼별초가 강화도에서 이주해 대몽항쟁을 벌였고, 조선시대에는 선비들의 유배지로, 정유재란 때는 이순신 장군이 마지막 배수의 진을 치고 결사항쟁한 구국의 현장이 되었습니다.

백제 때 진도에는 3개의 마을이 있었고 그중 한 마을의 중심지가 이곳으로 여겨지는데, 통일신라를 거쳐 고려시대까지 이어져 오는 것을 보면, 삼국시대에 이미 성이 있었을 가능성이 크다고 합니다.

13세기부터는 왜구가 나타나서 노략질을 계속해 오자, 1350년에 진도의 관청과 백성들이 내륙지방으로 피해서 살다가 세종대왕 초에 돌아오기도 했습니다.

결국, 1438년 해안지방에 주로 설치되던 군사조직인 만호부가 이 지역에 생

변해가는 세상에 변하지 않는 우직함을 보이는 진도 남도진성은 고려 원종 삼별초가 진도에서 몽골과 항쟁을 벌일 때 해안지방을 방어하기 위해 쌓은 성으로, 삼별초가 제주도로 옮겨갈 때 이곳에서 출발했다고 전해집니다.

기게 되고 왜구로부터 보호하기 위해 성을 쌓았습니다. 지금 남아있는 성은 그 이후에 쌓은 것으로 여겨지고, 동·서·남문이 있던 자리가 잘 남아 있으며, 둘레가 약 400m 정도이지만, 해안지방을 보호하기 위한 중요한 위치임을 보여주고 있는 유적으로 가치가 매우 큽니다.

영화나 드라마에서처럼 주민들이 성문을 들락날락합니다. 집배원이 성으로 들어가고 가스배달 용달차가 성 안에서 집을 찾느라 헤맵니다. 두 아이는 할머니가 쥐여준 쌈짓돈으로 아이스크림을 사 먹으려 달려가고 밭일 마친 할머니는 빨래를 걷습니다.

진도 남도진성의 남문 앞에는 이 사성의 벽을 휘감고 개울이 흐르는데 세운천입니다. 이 세운천 위에 가설된 홍예로 된 돌다리가 2개로, 전국에서 보기 드문 남박다리입니다. 남도진성의 남문 밖에 있다고 해서 '남박다리'로, 아름다운 무지개가 하나 걸린 단홍교單虹橋와 두 개 걸린 쌍홍교雙虹橋가 약 9m의 간격을 두고 나란히 서 있습니다.

위에 있는 것이 단홍교이고, 아래 있는 것이 쌍홍교로, 석성의 외

곽을 건너다니기 위해 축조한 바, 편마암의 자연 석재를 사용한 것으로는 전국적으로 보기 드물어 관심을 모으고 있습니다.

구전한 바, 단홍교는 오랜 옛날부터 있었고, 쌍홍교는 해방 직후에 마을사람들이 놓았다고 하며 지금도 사람들이 지나다니고 있습니다. 오랜 세월 동안 풍화로 돌이 깎이고 파였지만 골동품처럼 놓고 보기만 하는 다리가 아니라 현재도 교량의 역할을 늠름하게 하고 있어 더욱 애정이 갑니다.

누군가를 건네 보내지 않아도
다리인 다리가 있지
진도 임회면 남도석성 앞
짜잔한 돌짝 몇 개 얽어서 만든 남박다리
명색이 홍교라고 고운 무지개도 더러 걸리고
자나새나 가는 내도 즐거이 재잘대며 흐르지만
이제 그 다리를 건너는 사람은 없지
다리 위엔 쑥덤불만 후북 자라고
동네 개도 다른 길로 돌아다니지

그러나 댓자짜리 이 다리가 그 옛날
삼별초 큰 장수들을 번쩍 들어 옮겨줬다네
돗다리 밟기 하듯 여린 제 몸을 깔아
서늘한 눈매의 의적들을 밤새 건네줬다네

누군가를 건네지 않는 다리는 없지

사람이 모르고 건너지 않을 뿐이지

한송주 문예비평가는 "짜잔한 돌짝 몇 개 얽어서 만든 다리"라고 합니다. 그는 "진도의 땅끝인 임회면 남동리 벌판. 남도석성을 두르고 해자 모양 흐르는 가는 구름내. '가는 골'이라고도 하는 세운천細雲川 위에 무지개다리가 걸려 있다. 다리라고 해봤자 길이가 5m 남짓, 폭 2m, 높이 2m의 소형 석교다"고 말했습니다.

단홍교는 다리 위에 흙을 돋우고 잔디를 심었으며, 길이 4.5m, 폭 3.6m, 높이 2.7m로 아담합니다. 쌍홍교는 단홍교보다 폭이 넓고 규모가 커 쌍무지개로 가설했습니다.

무엇보다도 두 다리의 매력은 규모는 작지만 단아한 멋에 있습니다. 다듬지 않은 자연석으로 세워 금방이라도 무너질 것처럼 허술하고 투박하지만 오히려 서민적인 정취가 물씬 풍깁니다. 동네 사람들이 어울려 노래를 부르면서, 아니 막걸리를 마시면서 놓은 다리임이 분명해 보입니다.

송광섭 청주건설박물관 관장은 "이 쌍교와 홍교는 성 밖에 있다고 성박다리, 성 남쪽의 다리는 남박다리, 성 동쪽의 다리는 동박다리라 했는데 성박다리, 동박다리는 현존하지 않고 위치만 확인된다. 남도석성과 남박다리에 도달하니 동문 먼 밖 달등 바위에 달하나 걸려있어 성벽주위 유채꽃과 바다 물빛만이 돌 한 장, 한 장 쌓아가며 되새겼을 호국의 정신과 어우러져 있다."고 말합니다.

두 다리 모두 편마암질의 판석을 불규칙하게 세로로 세워 배열

했지만 외부는 어느 정도 일정하게 쌓았을 뿐 내부는 돌이 일정하지 않아 불규칙한 홍예를 이루고 있습니다. 아주 크고 반듯하게 짜 맞춘 여느 홍교에서 느낄 수 없는 자연미가 풍겨 나오고 있지만 그동안 축조 연대가 분명하지 않거나 역사가 짧고, 규모 역시 작다는 이유로 존재가 무시되어 왔었습니다.

진도 남박다리는 진도아리랑을 부르면서 일본군을 몰아냈던 것처럼 마을사람들이 힘을 합해 만든 것으로, 비록 상당히 미숙하지만 획일성을 뛰어넘어서고 있다는 느낌을 지울 수 없습니다.

다리 위 돌 중 의미 없는 돌이 있으랴

바둑판 위에 놓인 돌 가운데 처음부터 의미 없는 돌은 없는 것처럼 이곳의 다리 위 돌들도 마찬가지가 아닐는지요. 곤마困馬 즉, 바둑에서 살아남기 어려운 돌이 많은 세상살이에서 이곳의 지역민들은 무슨 생각을 하며 다리에 돌을 하나둘씩 가져다 놓았을까요. 바둑이 먼저냐 사는 게 먼저냐, 그것을 알면 고수입니다.

남쪽 땅 끝자락 진도군 임회면에 고색창연한 성문이 인상적인 남도진성. 고려 때 몽골군의 침략에 맞서 삼별초군을 이끌던 배중손장군이 용장산성과 더불어 치열한 격전을 치른 역사의 현장이기도 합니다.

사실, 바둑이 먼저인지 사는 게 먼저인지는 해답을 찾기가 무척 어렵기만 합니다. 영화 〈스톤〉에서 말하려는 바둑이라는 게임은 인생을 돌아보고 한 돌 한 돌을 어떻게 놓아야 하는지에 대해 깊은 성찰을 가져다줍니다. 당신은, 오늘 흰돌을 두었나요? 검은돌을 두었나요? 바둑판을 새로 쓸 수 있다면 인생은 많이 달라질까요?

진도에는 놋다리밟기라는 민속이 전합니다. 예쁜 처녀들이 몸을 엎드려 인교人橋를 만들고 자신들의 등을 밟아 덕 있는 여자가 지나가게 하는 놀이입니다. 지구촌에서 가장 숭고한 다리는 자신의 몸을 깔아 님을 건네는 놋다리가 아닐까요.

시인은 그 옛날, 삼별초 장수들을 포악한 세력들로부터 피신시키기 위해 남박다리는 놋다리를 만드는 진도 아가씨들의 심성을 베껴 세워졌던 게 아니었을까 하고 생각을 해봅니다.

> 대나무 그림자 섬돌을 쓸어도 티끌 하나 움직이지 않고竹影
> 掃階塵不動
> 달빛이 연못을 뚫어도 물에는 흔적 하나 없네月穿潭底水無痕

남송시대의 선승 야보도천의 시를 나지막이 읊어 봅니다. 대나무 그림자처럼 무엇에 집착하지 말고, 달빛처럼 연연하지 말고 살라는 가르침입니다. 섬돌을 가지려 하지 않는 대나무 그림자나 연못에 자신의 흔적을 새기려 하지 않는 달빛을 따르고 싶은 마음 간절해집니다만, 생각만큼 쉽지가 않은 탓에 괴로움이 늘 뒤따릅니다.

옛 선비가 "흐르는 물이 아무리 빨라도 주위는 고요하고 꽃은 떨어져도 마음은 스스로 한가하다"고 이르렀던가요. 항상 이러한 뜻을 가지고 사물을 본다면 몸과 마음이 얼마나 자유로울 것인가요. 구름 낀 연못 빗방울 떨어져 흐린 하늘. 성긴 대숲에 바람이 불어와도, 지나가고 나면 소리조차 남지 않고, 차가운 연못 위에 기러기 날아와도, 지나가고 나면 그림자조차 남지 않습니다.

대나무 그림자가 섬돌을 쓸듯, 연못을 꿰뚫는 달빛처럼. 하지만 우리는, 그렇게 마음을 닦고 깨달음을 찾아 헤맵니다. 길이 아니면 가지를 마라. 버려야만 걸림 없는 자유를 얻는 것인가요? 구속 없는 큰 세상, 더 큰 세상 속으로 나를 내던지고 싶은 오늘입니다.

대나무 그림자처럼 지나가고, 달빛처럼 흘러가고 싶습니다. 이곳에 지난날의 흔적들이 거의 남아 있지 않아 아쉬움이 많습니다. 조붓하지만 삼삼한 남박다리를 걸으면서, 매력이 없다 해도, 아무 향기가 없다 해도, 아무도 날 보지 않아도, 강한 남자가 되고 싶다는 생각을 가져봅니다.

시간에 매력을 빼앗기고 시듦에 향기로움을 지워버리고 져버림에 시선들마저 잃어버리는, 꽃같은
남자가 되기를 바라지 않습니다.
성벽 위를 사부작사부작 걸어봅니

182

바람이 있기에 꽃이 있고 꽃이 져야 열매가 있거늘, 오늘이 있으면 내일이 있고 내일이 있으면 과거가 반드시 있는 법. 늙지 않으면 사람이 아니고 가지 않으면 세월이 아니나니. 당신이 없으면 내가 없나니. ⓒ주호종

다. 들판은 시원하고 갈대숲 너머 바다가 번쩍번쩍 빛이 납니다. 이내 담쟁이덩굴을 키우는 성벽들이 여유로움을 풍깁니다.

진도아리랑을 두고 어떤 사람은 "반역과 충절이 교차된 미완의 혁명이여. 삼별초의 혼백이여. 왕조 오백 년의 유배문화가 응결된 영욕의 섬이여. 그 속에 질기도록 지켜온 민초들의 삶과 애환의 역사 진도여"라고 노래한 적이 있습니다. 진도아리랑은 슬픔과 절망, 한의 통곡이 아닙니다. 만경창파에 두둥실 배를 띄우고 힘차게 희망의 미래로 전진하는 노래입니다.

'친척 버선까지 팔아 자식 가르친다'는 말이 있을 정도로 교육열이 높고, 부족한 식량을 얻기 위해 돌을 쌓고 흙을 부어 구들장 논을 만들 만큼 생활력마저 강한 주민들과 덩실덩실 춤을 추면서, 나지막하게 진도아리랑을 불러봅니다.

단 하나뿐인 누각 나무다리 태안사 능파각

약사여래, 삼라만상의 온갖 병을 치료해 주시네

작은 계곡을 따라 무성하게 우거진 나무 터널 속으로 구불구불 이어진, 한없이 부드럽고 아늑한 길 끝. 동리산 자락에 지나온 보성강과 숲길만큼이나 아름다운 절, 태안사가 있습니다. 전남 문화재자료 제23호로 신라 말 선불교를 일군 구산선문九山禪門의 하나인 동리산문桐裏山門의 유서 깊은 사찰입니다.

태안사로 들어가는 숲길에는 유독 계곡을 건너는 다리가 많습니다. 속세의 미련을 버리지 못했다면 돌아가라는 귀래교歸來橋, 마음을 씻으라는 정심교淨心橋, 세속의 번뇌를 씻고 지혜를 얻으라는 반야교般若橋, 깨달음을 얻어 도를 이루는 해탈교解脫橋. 하나하나 다리를 건널 때마다 다리의 이름을 되뇌며 내 안에 버려야 할 것들을 생각해보게 합니다.

마지막 다섯 번째 다리가 전남 유형문화재 제82호로 '능파각凌波閣'입니다.

계곡의 물과 주위 경관이 아름다워, 미인의 가볍고 우아한 걸음걸이를 의미하는 '능파凌波'라 이름했습니다. 사찰의 다리 중 운치로 손꼽히는 다리는 여기서 가까운 순천 선암사의 승선교, 송광사의 삼청교, 여수 흥국사의 홍교, 그리고 멀리로는 강원도 고성 건봉사의 능파교가 떠오르지만 태안사 능파각도 목록에서 항상 빠지지 않습니다.

　'능파'란 단어를 생각하면 학교 다닐 때 외웠던 소동파의 『전적벽부』가 줄줄줄 흘러나옵니다.

　　임술년 가을 칠월 16일에 소자가 객과 함께 배를 띄워 적벽강 아래에서 노니, 맑은 바람은 서서히 불어오고 파도는 일어나지 않았다. 술잔을 들어 객에게 권하고 명월시를 외우며 요조장을 노래했는데, 조금 있다가 달이 동산의 위로 떠올라 두성과 우성의 사이를 배회하니 흰 이슬은 강을 가로질러 있고 물빛은 하늘을 접해있었다. 갈대만 한 작은 배의 가는 바를 따라 만경의 아득한 물결을 타고 가니, 호호함이 마치 허공에 의지하여 바람을 타고 가는 듯하여 그칠 바를 모르겠고 표표함이 세상을 버리고 홀로 서서 신선이 되어 오르는 듯하였다.

　능파각은 계곡을 잇는 다리 위에 누각을 세운 누교입니다. 따라서 누교는 길을 잇는 고유 구실과 함께 누각을 지탱하며 아울러 건물의 일부 기능을 담당하게 됩니다. 다리 위에 건물이 있어 하부 구조체로 상부 구조체를 받쳐야 마땅합니다. 그래서 나무다리보

발밑에 태안사 전경을 두고 바라밀다, 삼백예순다섯 날 좋은 날을 기약합니다.

일주문을 바라보며 일시무시(一始無始),
널리 모든 생명을 이롭게 하소서.

다는 돌다리, 널다리
보다는 무지개다리
형식을 취하는 경우
가 대부분입니다. 주
목할 점은 현존하는
누교 중 능파각만이 유일한 널다리 형식의 나무다리라는 것입니다.

누교에 대한 첫 기사는 『삼국사기』, 『신라본기』에는 798년에 "춘
3월에 궁남루교가 불에 타고 망덕사의 두 탑이 서로 부딪쳤다"는 기
록이 보입니다.

다리의 이름이나 불에 탔다는 내용 등으로 미뤄 나무다리 위에
회랑식 건물을 얹었던 것으로 추정됩니다. 현존하는 누교로는 송광
사 삼청교三淸橋 및 청량각루교淸凉閣樓橋, 태안사 능파각 목교凌波
閣 木橋, 수원 화성의 화홍문 등이 있습니다.

산사를 찾는 모든 사람들에게 기꺼이 제 몸 내줘 계곡물을 건네
주며 '월천越川'의 공덕을 쌓아 온 나무다리라고 할 수 있습니다. 지
붕 덕분에 정자도 겸하니, 이곳에서 다리쉼을 하며 계곡을 바라보노
라면 정녕 이곳이 세외世外의 땅임을 느끼게 됩니다.

비로자나불, 어서 가서 두루 세상에 밝은 빛 비추라고 호령하시네

'반야용선般若龍船'이라는 말이 생각납니다. 이를 의역하면, '진리를 깨닫는 지혜(반야)의 세계로 향하는, 용이 이끄는 배(용선)'쯤 되겠지요. 불가에서 반야용선은 사바 세계에서 피안의 극락정토로 건너갈 때 타고 가는 상상의 배를 의미합니다.

절집의 법당은 사부대중이 부처님과 함께 타고 가는 배의 선실과 같은 곳이지요. 법당의 건물이나 축대 및 계단 등에 조각해 놓은 용머리와 용꼬리, 거북 게 등은 이 법당이 반야용선임을 상징합니다. 그러니까 법당에서의 여러 행위들은 바로 피안의 극락정토에 다다르기 위한 작은 정성인 셈입니다.

우리나라의 절집은 표현 양식은 다르지만 피안의 세계를 향하는 반야용선의 형상을 한 곳이 상당수 있습니다. 영축산 통도사나 월악산 신륵사 극락전에는 중생의 간절한 염원을 그린 반야용선 벽화가 있고, 청도 운문사 대웅보전 천장에는 용모양의 나무배에 인형 하나가 줄에 의지해 대롱대롱 매달려 있지요.

경남 청도 와인터널 바로 위에 있는 조그마한 대적사 극락전 화강암 기단부에는 거북과 게 문양이 돋을새김이 돼 있으며, 전남 해남 달마산 미황사 대웅전은 그 자체가 바다 위에 떠 있는 아름다운 반야용선으로 알려져 있습니다. 곡성의 태안사 능파교도 이같은 의미를 담고 있습니다.

온누리에 부처님의 꽃비가 가득 내렸으면 더없이 바랄 것이 없겠습니다. 두 눈으로 부처님의 자비를 감지하게 하옵시고, 두 귀로 부처님의 음성을 듣게 하옵소서. 온누리에 희망 가득하니 고맙습니다.

모두가 정법으로 수양을 거듭하다 보면 나도 모르게 부처님이 되는 게지요.

곡성의 태안사 능파교가 집요하게 영원의 진리를 갈구하라고 종용합니다. 지상에서 얻은 지식이며, 크고 작은 가슴앓이까지도 모두 훨훨 벗어 던져 비우라는 달마대사의 가르침입니다. 이끼가 가득한 바위를 스치고, 때론 폭포수처럼 떨어지는 시원한 물줄기 위 다리 누각에 올라섰습니다.

태안사 능파교는 계곡 양쪽에 석축을 쌓아 교대로 삼고 그 양쪽에 통나무로 보를 걸쳐 이 보의 직각 방향으로 굵은 바닥판을 깔았습니다. 감상 포인트는 바로 다리 위에서 보는 풍경입니다. 주위 자연 환경과 한 터럭의 이질감이 없는 가운데, 누각이 바로 주위 풍광에 녹아있는 삼위일체의 맛이 새록새록한 오늘에서는.

다리를 건너는 쪽에서 보았을 때 앞면 1칸, 옆면 3칸의 규모이며, 지붕 옆면이 사람 인人자 모양인 간결한 맞배지붕입니다. 계곡의 양쪽에 바위를 이용해 돌축대를 쌓고 그 위

1 아름다운 능파각에 관자재보살 (관세음보살), 모든 사물을 자유롭게 보게 하시네.

2 능파각을 건너고 읊조리는 지장보살, 아수라 중생들의 8가지 고통을 구제하시네. ⓒ 곡성군청

에 두 개의 큰 통나무를 받쳐 건물을 세웠지요. 지붕을 받치면서 장식을 겸하는 공포가 기둥 위에만 배치하는 주심포 양식이며, 위로 갈수록 좁아지는 민흘림 기둥을 사용했음이 보입니다. 여러 가지 동물상을 조각한 목재를 사용했으며, 다리와 문·누각의 역할을 함께하도록 지은 특이한 건물이 아닐까 합니다. 고려전기의 문신 임보는 능파각에 들러,

> 개울 위에 다락을 세웠으니 누각樓閣이요
> 개울 위에 다리를 놓았으니 교량橋梁이요
> 개울 위에 절문을 얹었으니 산문山門이다
> 동리산 계곡 물 위에 뜬 봉황의 집

이라는 시로, 이 다리의 아름다움과 묘미를 적어 놓았습니다. 『채근담』의 한 구절도 생각납니다.

> 마음이 쉬면 문득 달이 뜨고 바람이 부나니 인간세상이 반드시 고해는 아니다.
> 마음이 멀면 수레의 먼지와 말의 자취가 절로 없나니 어찌 반드시 자연을 그리워해 병이 되리요.

태안사 능파각의 연둣빛 새잎 사이로 맑은 물이 철철 흘러내리고, 속세를 건너가는 다리 위에서 마음의 때를 씻어보네. 아아! 이곳이 정녕코 피안의 세계인가요? '한 걸음에 번뇌를 버리고, 또 한걸음

에 보리를 이루라' 미인처럼 가벼운 걸음걸이로, 능파각을 밟고 지나 산사로 향하게 하는 분위기가 묵시로 지시하고 있습니다.

능파각은 그렇게 속세와 부처의 땅을 가볍게 연결시키고 있습니다

능파각에서 일주문까지 이어진 오솔길도 아름답습니다. 이 다리를 건너면 세속의 번뇌를 던져버리고 부처님의 세계로 진입함을 상징합니다. 절의 초입으로 전남 유형문화재 제83호인 일주문을 지나면 부도밭이 보이고, 마당을 지나 오르면 담장이 있습니다. 이어 누구든 고개를 조아리지 않으면 들어갈 수 없는 배알문이 모습을 드러냅니다. 오랜 세월을 건너온 문은 몇 해 전에 말끔하게 정돈돼 정취는 예전만 못하지만 '나를 낮추는' 하심을 가르치는 뜻이야 변함없습니다.

머리를 숙여 둥근 배알문拜謁門을 지나면 높다란 단 위에 자리한 승탑을 만납니다. 적인선사조륜청정탑은 보물 제273호입니다. 단정함이 돋보이는 승탑으로 그 주인공인 혜철선사는 중국의 서당지장西堂智藏의 법을 얻어 3월에 귀국했습니다. 선사가 귀국한 당시의 정황을 비문은 이렇게 적고 있습니다.

산중에 사람이 없더니 오늘에야 돌아오도다! 나라가 보물을 얻음이라. 이제야 부처의 지혜와 달마스님의 선법을 모두 갖추게 되었다

우리들은 세상의 파도를 어떻게 이겨내야 할까요. 거친 파도도

결국 작은 물방울들에 지나지 않습니다. 힘들다고 생각하면 바다가 보이며, 감사로 이겨내면 작은 물방울에 지나지 않습니다. 파도를 타고 이겨내면 즐거움이지만 파도에 파묻히면 괴로움입니다. 스트레스도 받아들이기 나름입니다.

잔잔한 바다에서는 좋은 뱃사공이 만들어지지 않는다고 합니다. 좋은 뱃사공이 되기 위해서는 물 위에서 많은 경험을 해 봐야 합니다. 그것이 힘든 경험이라도 말이죠. 힘든 경험은 오히려 뱃사공을 성장하게 합니다. 그렇기 때문에 잔잔한 바다에서는 좋은 뱃사공이 만들어질 수 없습니다. 만약 여러분에게 어떤 고난이나 역경이 찾아오면 자신을 뱃사공이라고 생각해보세요. 그 파도를 이겨내면 더 좋은 뱃사공이 되어있을 것입니다.

손예진 주연의 〈해적: 바다로 간 산적〉에서 유해진이 "바다수영은 민물수영하고는 확연히 다르다"며 내뱉는 수다스러운 대사도 맛이 끝내줍니다. "파도를 이기려고 하면 뒤지는(죽는) 거여. 구렁이가 담 타넘듯이 파도를 부드럽게. 음~파~음~파. 이것만 기억하면 되

올라가는 길에 문수보살, 최고의 지혜와 용맹과 위엄으로 무장하라 하시네. ⓒ 태안사

는 거여. 등신같이 파~음~파~음 하면 뒤지는 겨"

　태안사는 사시사철 온종일 조용할 날이 없는 곳입니다. 하얗게 흘러내리는 물소리, 바람소리, 새소리, 사람들의 말소리까지 섞어내며 자연의 화음을 만들어내고 있습니다.

보안낭자의 치마를 찾습니다! 화순 보안교

중국에는 암흑과 혼돈 속에 반고라는 거인이 깨어나 천지를 창조했다는 신화가 있고, 일본에는 신이 하룻밤 사이에 흙으로 부토산富士山을 빚었다는 설화가 있습니다. 우리나라에도 물론 유명한 거인 신화가 있습니다. 북쪽으로 추방된 거인 장길손이 허기를 채우기 위해 흙과 바닷물을 먹고 설사를 한 것이 백두산, 압록강, 두만강이 되었다는 설화가 있고 특히 제주도의 선문대 할망은 제주의 여러 지형을 창조했다고 믿어지는 거인 여신입니다.

어디서 왔는지 아무도 모르는 설문대(선문대 할망)는 거신巨神이었습니다. 설문대가 어느 날, 바다 한가운데에다 치마 폭에 흙을 가득 퍼 나르기 시작했습니다. 치마에 난 구멍들

보안교가 절 서쪽에 1400년의 역사를 말해주는 듯 현존하고 있습니다.

사이로 흙 부스러기가 조금씩 끊임없이 떨어졌습니다. 드디어 커다란 산이 하나 완성됩니다.

어찌나 높은지 은하수를 만질 수 있을 만큼 높다고 해서 '한라산'이라 이름 지어졌습니다. 치마 구멍 사이로 떨어져 쌓인 흙들은 '오름'들이 되었습니다. 한라산이 너무 높다고 생각한 설문대는 봉우리를 꺾어 던져버렸습니다. 봉우리는 안덕면 사계리로 날아가 '산방산'이 되었습니다.

설문대는 어찌나 컸던지 한라산을 베개 삼아 누우면 다리는 제주시 앞바다에 있는 관탈섬에 걸쳐졌습니다. 빨래를 할 때는 팔은 한라산 꼭대기를 집고 서서 관탈섬에 빨래를 놓아 발로 문질러 빨았습니다.

그런가 하면 한라산을 엉덩이로 깔고 앉아 왼쪽 다리는 관

다리 위 바닥에 새겨진 '유마동천 보안교(維摩洞天 普安橋)'

탈섬에 놓고, 오른쪽 다리는 마라도에 놓고, 성산 일출봉 분화구를 바구니로 삼고 우도를 빨랫돌로 삼아 빨래를 하기도 했습니다.

또 설문대는 너무 커서 제대로 된 옷을 입을 수가 없었습니다. 그래서 제주백성들에게 속옷 한 벌만 만들어 주면 육지까지 다리를 놓아주겠다고 했습니다. 설문대의 속옷 한 벌을 만들려면 명주 1백 통이 필요했습니다.

제주 백성들은 최선을 다해 명주를 모았지만 99통밖에 되지 않았습니다. 한 통이 모자라 설문대의 속옷을 만들어주지 못했고, 설문대도 다리를 좀 놓아가 가다가 중단해버렸습니다. 조천리, 신촌리의 앞바다에 있는 '여'라고 부르는 바위 줄기들이 그 흔적이라고 합니다.

제주도에서의 경제는 거의 여성이 책임진다고 해도 과언이 아닙니다. 이 때문에 여자들은 강인해야 했고, 이러한 모습들이 제주 설화에 형상화되어 나타난 것입니다. 그네들은 해산물을 잡는 물질, 농사일, 땔감 마련, 가사노동, 육아까지 모두 해내야 했습니다. 우리나라의 여러 거인신화 중 대부분의 거인신이 남신임에 반해 제주도는 여신인 점이 큰 특징입니다.

치마폭에 석재를 담아 와서 다리를 놓다

전남 화순의 보안 보살은 이들과 차원이 좀 다릅니다. 큰 덩치 때문에 사람들에게 피해를 입혀 추방당해야 했던 거인 장길손과 달리,

손수 치마폭에 돌을 날라 돌다리를 만들었기 때문입니다. 모후산 중턱에서 많은 인부를 동원해 석재를 운반했지만 작업이 느려지자 창건주 유마운 스님의 딸 보안 비구가 치마폭에 석재를 담아 와서 만들었다는 이야기입니다. 지역 사람들에게 신적인 존재로 등장하면서도 다리를 만든 방법이 아주 현실성 있는 전설입니다.

보안의 전설이 전해지는 보안교는 계곡 양 끝에 축대를 쌓고 납작한 돌로 하나의 상판을 올려놓았으며, 길이 5m, 너비 3m 정도의 크기입니다. 과거에 사람은 물론이고 경운기 등 농기계가 수시로 지나다녀 훼손될 가능성이 컸습니다. 이에 2002년 전남 화순군 향토문화유산 제30호로 지정하고, 다리 양쪽에 철제 난간을 설치해 통행해 제한하고 있습니다.

다리의 아래쪽에 '유마동천 보안교維摩洞天 普安橋'라는 글씨가 새겨져 있고, 계곡의 위쪽에는 '관세음보살 양연호觀世音菩薩 梁蓮浩'라는 한문 글씨와 나란히 한글로 '관세음보살', 밑에 작은 글씨로 '백운거사 서白雲居士書'라고 각각 쓰여 있습니다. 계곡 위쪽에 쓰인 '관세음보살' 명문은 후대에 쓰인 것으로 보입니다.

사찰 경내의 제월천 샘과 관련된 전설에도 보안이 등장합니다. 보안을 겁탈하려는 젊은 승과 보안처녀 사이에 한판 승부가 벌어졌

는데 보안이 제월천에 잠긴 달을 건져 그를 굴복시켰다고 합니다.

저 멀리서 달빛이 '보안'의 전설을 따라 찾아옵니다

한 조각 달빛 가득, 구름은 천년 세월을 흐르나요. 천년의 눈물을 모으면 이 맘 다 대신할까, 달빛이 잠든 저 하늘 끝에 오늘도 서성거립니다. 달빛은 아무리 바라봐도 눈이 부시지 않아요. 아무것도 자랑하지 않는 친근한 빛으로 조용히 어둠을 밝혀요. 달빛 그림자 드리워진 참 아름다운 밤입니다. 치열하게 삶을 사는 것은 천년의 세월을 만나고, 또 이별하는 것과 같은 것인가요.

애시당초, 달빛은 길어 올린다고 해서 길어 올려지는 것이 아니에요. 달빛을 그대로 두고 마음을 다해 그 빛을 보듬을 때 비로소 한가득 길어 올려지는 것인지도 몰라요. 하루가 천년이 되고 천년이 하루가 되어 미끄러지듯, 이내 맘이 달까지 도달할 수 있으면 얼마나 좋을까요. 때론 천년을 하루 같이, 때론 하루가 천년이 되었으면 하는 마음을 오롯이 담은 오늘에서는.

보안교와 함께 보물 1116호인 유마사 해련탑은 훌륭한 역사문화유산으로 중요한 볼거리입니다. 보통 탑은 승려의 무덤을 상징하는 만큼 그 유골이나 사리를 모셔두는 곳이죠. 유마사로 오르는 입구

1 유마운과 그의 딸 보안이 창건한 유마사

2 꺼지지 않고 타오르는 단풍숲아! 나를 어찌할까.

3 단아한 해련탑으로 들어오는 햇살은 석재를 치마에
  담아 만든 보안을 알고 있을까요.

에 세워져 있는 해련탑은 바로 해련스님의 사리가 모셔져 있습니다.

8각 사리탑의 특징을 잘 보여주는 모습으로 아래 받침돌의 옆면에 안상眼象이 얕게 새겨져 있고, 윗면에는 활짝 핀 꽃조각이 있습니다. 탑신의 몸돌에는 앞뒷면에 문짝 모양을 새겨 두었구요. 앞면에 새긴 문에는 문고리까지 장식되어 있고 그 윗부분에는 '해련지탑海蓮之塔'이라는 글자가 보입니다. 한때 도굴범들에 의해 훼손되어 구조물이 흩어져 있던 것을 복원했지만 기단부의 모습과 탑신에 새긴 여러 조각의 양식으로 보아 고려 전기에 만들어진 것으로 짐작되고 있습니다.

내 두레박 끈이 짧은 것은 모르고 남의 우물이 깊은 탓

유마사는 한때 호남에서 가장 큰 사찰로 모후산에 위치한 것으로도 유명합니다. 모후산의 모후母后란 임금의 어머니를 말합니다. 그렇다면 어느 임금의 어머니일까요? 때는 1361년 홍건적이 쳐들어왔을 때 왕과 왕비는 태후를 모시고, 이곳 모후산까지 피난을 왔습니다. 수려한 산세에 반한 왕이 가궁을 짓고 환궁할 때까지 1년 여 남짓 머물렀다고 합니다. 그 후 원래 명칭인 나복산을 모후산으로 바꾸었지요. 부드럽고 빼어나게 아름다운 산세에 반한 나머지 어머니의 품속 같은 산이라는 의미입니다.

그래서일까요. 전남 화순군 남면 유마리 모후산은 가을 산행을 즐기려는 등산객들의 발길이 계속 이어지고 있는 곳입니다. 남계 한옥마을에서부터 유마사까지 가는 여정으로 계곡 주변 풍경이 눈길을 사로잡습니다. 지금으로부터 100여 년 전만 해도 모후산 상봉 아래에서 인삼을 재배했는데 지금도 인삼포 관리사 축대가 상봉 아래에 뚜렷이 남아 있습니다.

이곳에 오던 날, 계곡은 맑았고, 애기단풍은 더없이 푸르렀습니다. 대숲은 서걱이며 바람의 결을 따라가면서 단풍의 그늘 아래 앉아 잠시 세상을 지웁니다. 가슴 시린 마음을 다독여주는 유마사의 늦가을이 더욱 아름답습니다. 가을 오후 햇살에 부서지는 은빛 물결의 억새가 더욱 눈부심은 왜일까요.

"두레박의 끈이 짧으면 깊은 곳의 물을 길을 수 없다"는 말이 있습니다. 자루가 작으면 많은 것을 넣을 수 없고, 솜옷 주머니가 작으면 큰 물건을 담을 수 없고, 두레박의 끈이 짧으면 샘 가운데의 깊은 우물물을 담을 수 없습니다. 누군가에게 도달하기 위한 마음속 끈의 길이. 그것은 배려와 사랑으로만 더욱 길어집니다.

돌개 세 마리가 반기는 낙안읍성 평석교

전남 순천의 '낙안'이란 지명은 '땅이 기름져 먹을 것이 넉넉하고 굶는 이가 없으니 온 백성들이 편안하다'는 뜻의 '낙토민안樂土民安'과 '백성이 넉넉하여 송사가 적어서 벼슬아치가 즐겁고 백성들은 편안하다'는 뜻의 '관락민안官樂民安'이라는 말에서 나왔습니다.

낙안군은 옥려가 풀어헤친 머리를 큰 빗으로 빗는 모습인 옥녀산발형 지세이며, 낙안읍성 자체는 배가 막 출발하는 '행주형'입니다. 사람이 살아가는데 영향을 주는 양기풍수에 해당하는 형국으로, 이는 사람과 재물을 가득 싣고 출발하려는 배를 묶어 두었다는 뜻인 만큼 배가 갖추어야 할 키, 돛, 닻, 노 등 배의 구성 요소를 모두

낙안읍성의 봄, 여름, 가을, 겨울

갖추어야 길하다고 보았습니다.

낙안읍성 서내리 대숲은 뱃머리를, 읍성 한가운데 서 있는 은행나무는 지방기념물 133호로 떠나가는 배의 중심인 돛을 상징한다고 믿었습니다. 그리고 성곽 주위에 수백 년 된 나무 32그루가 있고, 그 가운데 15그루 남짓은 기념물로 지정되어 있는데, 이 나무들이 키와 노의 역할을 한다고 보았습니다.

배 모양이므로 깊은 우물을 파면 배 밑이 뚫려 가라앉게 되어 고을이 쇠퇴하게 된다고 여겼습니다. 그래서 배 안에 고인 물을 퍼내야 배가 안전하다고 해서 우물을 파지 않고 자연스레 솟아오르는 여러 개의 옹달샘을 그대로 사용하고 있습니다. 남문 앞 골목의 옹달샘, 동내리의 통샘 등이 대표적인 샘물입니다.

낙안읍성에 들어오면서 가장 먼저 만나는 것

장승은 민간 신앙의 하나로 마을이나 사찰 입구 등에 세워져 경계를 나타내기도 하도 잡귀의 출입을 막는 역할을 하는데, 우리나라에서는 석인과 석수로 대신하기도 합니다.

여수 진남관 뜰 안에는 석인이 세워져 있습니다. 임진왜란 때 이순신 장군이 거북선을 만드느라 한창일 때 왜구의 공격이 심해지자 이를 막기 위해 7개의 석인을 만들어 사람처럼 세워 놓았는데, 이로써 적의 눈을 속이어 결국 전쟁을 승리로 이끌게 되었다 합니다. 원래의 7기 중에서 지금은 하나만 남아 있습니다. 머리에는 두건을 쓰고, 손은 팔짱을 꼈으며 그 위로 도포자락이 늘어져 있는 모습으로, 시선은 유유히 적을 바라다보는 듯합니다.

낙안읍성 동문 밖에 있는 석구는 이곳을 오는 손님들을 가장 먼저 맞이합니다. 우리나라 천연기념물 삽살개로, 액을 쫓고 악귀를 물리치고 잡귀를 없애는 소임을 다합니다. 그래서 꼬리를 살래살래 치면서 저 앞에 보이는 오봉산에 일본군의 원기가 아직 남아있기 때문에 거기에 기를 팍 죽이고자 저렇게 매일매일 꼬리를 흔들고 있는지도 모릅니다.

석구상은 삽살개로서 자세히 보면 익살스럽기 그지없으며, 꼬리를 치켜세우고 볼기짝이 빨갛도록 용을 쓰며 앉아 있는 모습이 한없이 귀엽기만 합니다. 구전에 의하면 정유재란 때 지금의 오봉산 아래서 많은 왜군이 죽어갔다고 하는데, 그 원귀가 고을을 넘보지 못하게 하기 위해 세웠다고도 합니다.

우리나라에서 개를 수호신으로 하는 곳은 그리 흔하지 않습니다. 일본의 경우, 절이나 신사 입구에 돌로 만든 개를 세우고 고마이누(고려개)라고 부르는데, 이는

고려가 일본에 불법을 전하면서
같이 보급시킨 것이라고 합니다.

낙안읍성은 북동쪽의 금전산을 진산으로 삼고, 동으로 좌청룡인 오봉산으로 둘러싸여 있으며, 성 남쪽에는 넓은 들판이 펼쳐지고 들판 한가운데 안산인 옥산이 서 있습니다. 하늘을 향해 서 있는 굴뚝이 앙증맞습니다.

최초로 개가 문헌에 등장하는 것은 부여 시대

중국의 역사서인 『후한서』에 보면 부여의 관직 명칭의 하나로 '구가狗加'라는 말이 나옵니다. 마가馬加, 우가牛加, 저가猪加 등의 가축화된 동물이름과 함께 나오는 것으로 보아, 이미 그 시대에 개의 사육이 일반화된 것으로 보여집니다.

또한 『삼국사기』에 보면 '유화부인이 다섯 되 크기의 알을 낳았는데 금와왕이 개와 돼지에게 주어도 먹지 않았다'는 기록으로 보아 우리나라에서는 일찍부터 개가 사육되었음을 알 수 있습니다.

예로부터 개는 집지키기, 사냥, 맹인 안내, 호신 등의 역할 뿐만 아니라 잡귀와 요귀 등 재앙을 물리치고 집안의 행복을 지키는 능력이 있다고 전해집니다. 이러한 민간 전래의 믿음이 미술과 조후遭遇해 표현된 것이 개 그림에서 만날 수 있는 개의 모습들입니다. 개가 없을 때는 개 그림만으로도 액을 막을 수 있다고 생각하지 않았을까요?

희미한 아침 안개를 뚫고 해자(垓字)를 가로지르는 평석교(平石橋)를 건너 청, 적, 백색의 군기가 나부끼는 낙안읍성 동문을 들어서면 시간여행이 시작됩니다.

낙안읍성 동문 밖 해자를 건너는 돌다리 앞에 돌로 만든 개 세 마리입니다. 읍성 동쪽의 멸악산은 고개가 가파르고 험하며, 산세가 모질어 읍성의 기운을 압박하고 지리를 방해한다고 믿었기 때문입니다.

　　조선 시대 이전에 개의 모습은 고분 출토품, 고분 벽화, 십이지신상, 신라 토우, 문헌 등에서만 등장하고 회화 자료는 없었습니다. 개 그림은 이암, 이경윤, 어유봉, 김두량, 김홍도, 신윤복, 장승업, 조석진, 안중식, 이희영, 백은배 등 직업 화가인 화원들에 의해 조선시대 전시대 400년에 걸쳐 수많은 우리 토종개들의 순박한 모습을 묘사해 놓고 있습니다. 또한 조선 후기 영·조 시대에 신윤복, 김홍도에 의해 크게 발전하게 된 풍속화 속에는 그들이 평소 보아 오던 개들을 주로 무대 배경의 일부로 등장시켰습니다.

　　조선 후기에 크게 발흥한 민화의 세계에서도 많은 개 그림이 발견되는데, 주로 벽사용으로 쓰인 문배도門排圖나 평생도平生圖, 호렵도虎獵圖, 신선도神仙圖 등에 개가 많이 등장합니다. 주위에서 일상적으로 볼 수 있는 우리의 개는 그림으로 남아 있는 경우가 호랑이만큼 많지는 않지만 그래도 다양한 장르에서 그려져 온 소재 가운데 하나입니다.

　　동양에서는 그림을 문자의 의미로 바꾸어 그리는 경우가 흔합니다. 개가 그려진 그림을 보면 나무 아래에 있는 개 그림이 많습니다.

이암의 화조구자도花鳥狗子圖·모견도母犬圖, 김두량의 흑구도黑狗圖 등이 그 예인데, 나무樹 아래에 그려진 개는 바로 집을 잘 지켜 도둑 막음을 상징합니다.

개는 '戌'(개 술)이고, 나무는 '樹'(나무 수)입니다. '戌'은 '戍'(지킬 수)와 글자 모양이 비슷하고, '戍'는 '守'(지킬 수)와 음이 같을 뿐만 아니라 '樹'와도 음이 같기 때문에 동일시됩니다. 즉, '戌戍樹守(술수수수)'로 도둑맞지 않게 잘 지킨다는 뜻이 됩니다. 또 긁는 개의 모습을 그린 그림들이 많이 나타나는데, 가려운 데를 긁는 개의 표정과 발동작 등이 매우 익살스럽고도 사실적으로 묘사되어 있습니다.

〈화조구자도〉에는 흰둥이, 누렁둥이, 검둥이 등 세 마리 강아지가 등장합니다. 흰둥이는 전염병, 병도깨비, 잡귀를 물리치는 능력이 있어서 벽사의 능력뿐만 아니라, 집안에 좋은 일이 있게 하고, 재난을 예방 경고해 준다고 믿어져 왔습니다. 농가에서 누렁둥이를 많이

산의 악한 기운을 없애기 위해 이름을 '악을 없앤다'는 뜻의 '멸악산'이라 짓고, 산 꼭대기에 절을 지어 '멸악사'라고 했으며, 나쁜 기운을 누르기 위해 석구 세 마리를 만들어 이곳을 지키게 했습니다.

천연 염색과 짚물 길쌈 도예 ⓒ 순천시청

기른 까닭도, 노란색이 풍년과 다산을 상징한다고 생각해 왔기 때문입니다. 따라서 그림의 소재로 흰둥이와 누런 둥이가 특히 많이 그려져 왔습니다.

　김홍도의 〈들밥〉에 나오는 개는 찬을 먹는 사람 곁에서 조용히 기다리는 모습으로 일꾼들이 먹다 남은 찌꺼기를 먹겠다는 심사입니다. 김홍도의 또 다른 그림 〈경작耕作〉에서도 밭갈이하는 주인 뒤를 꼬리를 흔들며 따르는 털 긴 검둥개를 묘사하고 있습니다.

　신윤복의 〈교접하는 개〉 그림에서는 부잣집 마님과 몸종이 교접하는 개들을 보고 있고, 김득신의 작품 〈성화직구盛夏織屨〉는 더운 여름날 짚신 꼬는 주인 곁에서 헐떡거리며 엎드려 있는 개를 그리고 있습니다. 조선 영조 때 김익주金翊冑의 〈수렵도鷹狩圖〉나, 작자 미상의 꿩사냥하는 매 그림에서 사냥하는 개의 모습이 보입니다.

　이처럼 풍속화에서 개는 늘 함께 인간의 동반자로서 인간의 주위에 존재해 왔습니다. 때로는 구박과 멸시와 버림을 받으며, 자신의 몸을 희생하고 더러는 사랑도 받으며 살아왔다. 풍속화에 등장하는 가축으로 개, 소, 닭 등이 주로 나타나는데 그중 개는 인간과 가장 가까이 그려지는 등 풍속화에서 인간의 주위를 구성하는 풍경風景

처럼 존재해 왔습니다.

동문 앞 작은 평석교

풍화에 닳고 닳은 돌개 세 마리가 쪼그려 앉아 반깁니다. 바로, 동문 앞 평석교는 해자 위에 장대석을 가로질러 놓고 돌판을 맞춰 끼운 다리입니다. 이곳의 평석교는 지금은 상당히 넓어졌지만 옛날에는 좁은 인도였습니다. 예전에는 정월 대보름날 자기 나이대로 이 다리를 건너면 일 년 내내 다리가 아프지 않고 건강하게 지낼 수 있다고 해서, 다리 밟기를 하던 곳입니다. 본래의 돌다리는 1961년 사라호 태풍 때에 떠내려갔는데, 읍성을 복원할 때 다시 놓았다고 하며, 길이는 4.4m, 폭은 4.18m, 높이 2.2m입니다.

조붓한 돌담들이 미로처럼 이어지는 고샅길들은 사람 사는 정이 물씬 도탑습니다. 돌담 너머로 봉긋봉긋 두루뭉술 오른 초가지

전통예절 교육과 길거리 씨름 대회가 열린 모습입니다. 평석교에서는 수문 장대교식이 이뤄지고 있네요.

붕 아래 툇마루와 부엌, 토방, 섬돌 위의 장독 모습이 푸근해 보입니다. 전시용이 아니라 여느 사람들이 살아오고 있어서인지, 우리들이 잃고 지냈던 고향을 찾아든 느낌입니다. 우리가 어디 있을 때가 제일 편한가요? 어머니 자궁 안에 들었을 때가 제일 편했다고 합니다. 그래서 소설가 조정래는 낙안읍성 마을을 일컬어 어머니 자궁 같다고 표현했습니다.

해가 감나무 위에 걸리면 조용하던 낙안읍성이 갑자기 장터처럼 시끌벅적해집니다. 국밥 냄새가 구수한 장터의 평상은 관광객들로 북적거리고 대장간에서는 쇠망치질 소리가 요란합니다. 그리고 잘 익은 홍시가 텃밭에 떨어질 때마다 깜짝 놀란 참새들이 낙엽처럼 우수수 날아오릅니다.

노랗게 물든 은행나무 잎이 길손을 부르고 빨간 감 홍시가 나무에 대롱대롱 매달린 채, 청명한 하늘에 붉은 단풍잎은 가을의 정취를 한층 더 해 줍니다.

초가 지붕잇기 작업이 한창입니다. 10월 말, 가을걷이를 끝내고 초가지붕 이엉이기가 시작돼 눈이 내리기 전 12월 초까지 황금색 초가지붕으로 새롭게 단장이 됩니다. 성곽에 올라 보면 300여 채의 초가가 소담스럽게 옹기종기 모여 있는 이곳, 고즈넉한 돌담길과 원형

임경업군수부임 재현 ⓒ 순천시청

이 잘 보존된 성곽 길을 따
라 걷다 보면 정도 깊어지고
사랑 길도 열릴 겁니다.

　도시에서 나고 자란 청소
년에게는 조선시대로의 과거
여행을 하면서 조상들의 슬
기와 지혜를 느껴볼 수 있는
곳, 어른 세대에게는 추억과
향수가 묻어나는 곳입니다.

가야금 병창공연과 순천시립합창단 공연

일상에 지친 심신과 건강을 위해, 올가을에는 역사와 전통, 향기 나
는 이곳 낙안읍성에서 사색을 그리며 행복이 충만한 여유를 느껴보
시기 바랍니다.

　돌담 안 감나무는 저마다 가지가 휘도록 주렁주렁 가을을 달고
있고, 흥부전에나 나옴 직한 커다란 박은 해묵은 초가지붕에서 나
날이 몸무게를 더하고 있습니다. 구경꾼들이 하나둘 떠나고 나면 낙
안읍성 민속마을의 시계 바늘은 다시 거꾸로 돌기 시작합니다. 가을
햇살에 곱게 물든 선線이 남도의 황금들판을 달립니다.

더
하
는
이
야
기

사진으로 만나는 다리

최치원이 반한 고군산군도의 선유교와 장자교

1 여기는 바람 따라 구름 따라 살아가는 고군산군도입니다. 구름도 쫓아 가는 섬마을에 그리움이 별처럼 쌓이는 바닷가에 온갖 시름을 달래봅니다.

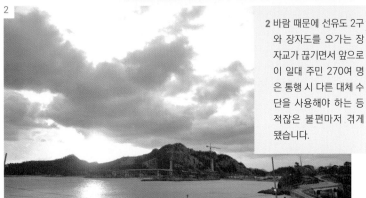

2 바람 때문에 선유도 2구와 장자도를 오가는 장자교가 끊기면서 앞으로 이 일대 주민 270여 명은 통행 시 다른 대체 수단을 사용해야 하는 등 적잖은 불편마저 겪게 됐습니다.

3 선유도의 뷰 포인트로 꼽히는 선유봉에서 바라본 장자도와 대장도. 선유도와 장자도를 잇는 장자대교가 보입니다. 장자어화, 멸치잡이 어선에 희망 실은 불빛이 당신을 기다립니다. © 군산시청

4 장자교는 길이 268m, 폭 3m, 높이 30m 규모로, 1984년 11월에 착공해 1986년 12월에 완공했습니다. ⓒ 군산시청

5 앞으로 대장봉과 장자도가, 장자교 뒤로 선유도해수욕장을 사이에 두고 선유도가 펼쳐집니다. 선유도해수욕장 즈음 솟은 봉우리가 망주봉입니다.

6 선유대교에서 바라본 삼도귀범은 선유8경의 하나로 꼽힙니다. 세 개의 섬 사이로 바쁘게 오가는 어선은 마치 만선을 알리듯 깃발을 휘날리며 오가고, 배가 남긴 물길과 푸른 바다가 만들어 내는 풍경은 언제나 아름답기만 합니다.

우리나라에서 가장 오래된 익산 미륵사지 다리

1 미륵이 하늘로부터 내려온다는 익산 미륵사지에서 호두를 생각해봅니다. 쪼개서 안을 들여다보면 껍질 속 구석구석 틈새마다 꼭꼭 채워져 있죠. 비록 껍질 때문에 크기나 모양을 스스로 정하지는 못해도 그 한계 속에서 최대한 성장한 모습입니다.

2 나의 낡은 사고와 칙칙함 고정 관념을 버려야 더 큰 세상이 기다리고 있는 것은 아닐까요. 더 큰 세상을 보고 경험한 사람이 더 큰 생각을 할 수 있을 때에서는.

3 익산지역에는 미륵사지 외에도 무왕과 관련된 많은 유적이 있습니다. 미륵사지 다리 왼쪽은 동탑이고, 오른쪽은 머지않아 모습을 선보일 서탑입니다. ⓒ 미륵사지 유물전시관

4 익산에는 모질메산성으로 불리는 왕궁평성, 오금산성, 오금사지, 제석사지, 쌍릉 등 궁성, 절터, 성터, 무덤 등 헤아릴 수 없는 많은 유적들이 현재까지 전하고 있습니다. 미륵사지 동탑이 하늘을 향해 미륵을 부르고 있습니다. ⓒ 익산시청

5 미륵사지 출토 사리장엄은 이 시대의 마술램프 같은 존재입니다.

일제 수탈의 상징 부잔교

1 올라갔다 내려갔다 흔들리는 부잔교가 마치 우리네 삶과 닮아 있다는 생각이 드는 것은 왜일까요. ⓒ 군산시청

2 군산은 특히, 개항 초기 일제가 한국을 쳐들어오기 위한 출발점임과 동시에 호남지방의 쌀을 일본으로 실어가기 위한 중요한 통로 역할을 했던 곳입니다. 이때 이곳을 드나들던 선박들은 전북에서 수집한 농산물이나 일본에서 들여오는 공산품이 대부분이었습니다.

3 부잔교 건설 장면 ⓒ 군산근대역사박물관

벽화마을을 거느린 전주 오목교

1 전주시는 한옥마을을 찾는 관광객들에게는 더 많은 볼거리를 제공하기 위해, 도란도란 시나브로 길과 천사의 길 조성 등과 연계한 새로운 관광루트 활성화를 도모하고 있습니다. 오목대와 이목대를 연결하는 오목교에 소담스럽게 눈꽃이 피었습니다.

2 오목교를 바로 건너면 만나는 이목대 자만마을의 벽화가 당신을 기다리고 있습니다. 그동안 칙칙한 오목대 육교의 화려한 변신과 한옥마을 주변 달동네 자만마을의 노후화된 담장에 생동감과 따뜻함을 표현해 낙후되고 단조로운 마을 표정이 산뜻하고 밝게 변하고 있습니다.

3, 4 오목교에 새겨진 이름

5 과거의 오목교

6 한옥마을에 국한된 관광자원을 주변 지역으로까지 확대되면 관광 인프라를 확충하는 한편 지역경제 활성화에도 큰 도움이 될 것으로 기대되는 대목입니다. 게스트 하우스 골목이라는 글귀가 모습을 드러냅니다.

소설 《태백산맥》에 등장하는 벌교 홍교와 비상을 꿈꾸는 도마교

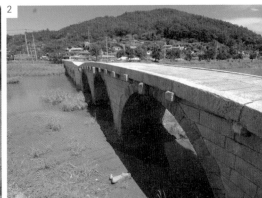

1 기존의 다리에 최근 복원된 다리가 어색하게 이어져 마치 뒤뚱거리듯 서 있는 벌교 홍교의 모습은 우리의 역사를 그대로 드러내는 것만 같습니다. 그러나 철새는 매년 이맘때면 언제나 반갑게 찾아와 다리와 노닐고 있습니다.

2 뗏목다리를 대신하고 있는 이 홍교는 벌교의 상징일 수밖에 없습니다. ⓒ 보성군청

3 세 칸의 무지개형 돌다리로 원래는 강물과 바닷물이 만나는 곳에 뗏목다리가 있었던 바, 선암사의 초안선사가 보시로 홍교를 건립했다고 합니다. 오늘은 오리떼가 찾아오는 따스한 봄날이 오는군요.

4 홍교 축조와 관련된 7기의 다리비

1 원래의 도마교는 지금의 길이보다 훨씬 더 길었고 1989년 여름 홍수 때 일부가 떠내려가 그 절반만이 남아있습니다.

2 주위에 남아 있는 '도마교비'와 '중수비'의 내용으로 보아, 1645년에 처음 설치되었고, 1682년에 새로이 보수를 거쳤음을 알 수 있습니다.
ⓒ 보성군청

3 도마교는 비록 일부가 없어져 본래의 규모는 아니지만 처음 지어진 시기와 보수된 연대를 알 수가 있어 다리를 연구하는 데에 중요한 역사적 자료가 되고 있습니다.

궁궐의 다리

왕궁에는 모두 정전에 이르는 외당 앞에 명당수가 흐르는 어구가 있습니다. 어구 위에는 돌다리가 있게 마련입니다. 경복궁의 영제교, 창경궁의 옥천교, 창덕궁의 금천교, 덕수궁의 금천교 등이 바로 그것입니다.

이같은 다리는 단순히 연결 기능 말고도 왕궁의 격에 맞는 멋을 부렸습니다. 궁궐 안 정전의 어도가 가운데가 한 단 높고 좌우가 낮은 3구 통로이므로 다리 역시 삼도로 해 신분에 따라 통행을 구분한 듯합니다.

다리 형식도 조형미를 생각해 구름다리 형식을 취하고 다리 부재의 벽면, 난간과 멍엣돌에는 괴면, 석수 등을 조각해 각종 재앙을 막고자 했습니다. 궁궐 안에는 이러한 다리 말고도 경내의 소하천에 수많은 다리가 놓여졌습니다.

정전에 이르는 길목이 아닌 다리는 간결한 널다리 형식이 많았습니다. 형식은 간략하지만 화강석을 잘 가공한 까닭에 튼튼하면서 정성을 들여 쌓은 흔적이 뚜렷합니다. 이 밖에 궁궐의 연못 안에 있는 정자에 가기 위해 조형미 있는 다리를 설치하기도 했습니다.

높고 청명한 코발트색 하늘을 가르는 궁궐의 맞배지붕의 상쾌한 지붕선과 꽃담의 점선 무늬, 한옥의 문창살, 그리고 헤아릴 수 없는 다리 등은 직선과 곡선의 아름다움을 나타내는 상징물에 다름 아닙니다.

아찔한 꽃멀미 나는 창덕궁의 다리

창덕궁 낙선재의 향연은 샛노란 꽃망울을 터뜨리는 산수유를 시작으로 매화, 살구, 앵두, 철쭉에 이르기까지 자고 나면 아찔한 꽃멀미.

왕후들이 상중에 소복차림으로 기거했던 생채기 때문인가요. 장락문에 기대어서 승화루 꽃담과 함께 상량정을 보는 즐거움도 잠시 잠깐. 땅을 향해 곤두박질하는 꽃잎을 보노라니 이내 구곡간장 다 찢어놓네요.

특히 창덕궁 낙선재 후원 일각문 한쪽 담에는 포도나무를, 반대편 담에는 매화나무를 장식해 놓아 금남의 집처럼 다가섭니다. 화사한 풍경 아래, 질곡의 세상사를 모두 도려내 뭇 남성들에게 보여주고 싶은 마음입니다.

창덕궁은 임금과 신하들이 정사를 돌보던 외전과 왕과 왕비의 생활공간인 내전, 그리고 휴식 공간인 후원으로 나누어집니다. 내전의 뒤쪽으로 펼쳐지는 후원은 울창한 숲과 연못, 크고 작은 정자들이

1 창덕궁 금천교 동물상은 퍽 정감가는 인상입니다.

2 창덕궁에서 명당수가 흐르는 곳에 놓인 금천교

3 창덕궁 소요정의 현판

마련되어 자연 경관을 살린 점이 뛰어납니다. 정궁인 경복궁이 질서 정연한 대칭구도를 보이는 데 비해 창덕궁은 지형 조건에 맞추어 자유로운 구성을 보여주는 특징이 있습니다.

창덕궁과 후원은 자연의 순리를 존중하여 자연과의 조화를 기본으로 하는 한국문화의 특성을 잘 나타내고 있는 장소로, 1997년에 유네스코의 세계문화유산으로 등재되어 있습니다. 창덕궁 금천교는 보물 제1762호로 돈화문과 진선문 사이를 지나가는 명당수 위에 설치되어 있습니다.

1 창덕궁 소요정의 다리

2 존덕정의 다리

3 취한정의 다리

4 후원 장락문의 돌다리

창덕궁의 명당수, 즉 금천禁川은 북쪽에서 남쪽으로 흘러내려 돈화문 오른쪽까지 와서 궐 밖으로 빠져나가는데, 이 어구 물가에는 화강석 6~7단을 가지런하게 쌓은 축대를, 여기에 금천교를 설치해 궐내로 들어갈 수 있게 돼 있습니다.

금천교는 창덕궁이 창건되고 6년 뒤인 1411년 3월 진선문 밖 어구에 설치됐는데, 그 후 숱한 화재와 전란에도 불구하고 창건 당시의 모습을 보존하고 있습니다.

현재 서울에 남아있는 가장 오래된 돌다리이며, 궁궐의 위험을 보여주는 상징적 조각상과 아름다운 문양, 견고하고 장중한 축조 기술 등이 돋보이는 이중 홍예교로서 역사적, 예술적, 건축적 가치가 뛰어납니다.

상면은 길이 12.9m, 너비 12.5m로 정사각형에 가까울 정도로 폭이 넓습니다. 구조는 하천 바닥의 중앙과 물가에 놓인 기반석을 토대로 홍예를 2개 튼 형식으로, 다리 가장자리에는 그 위에 동물상을 조각한 이주석이 세워져 있습니다.

다리 측면의 홍예 사이 벽에는 귀면형鬼面形이 부조되어 있고, 그 아래쪽의 홍예 기반석 위에는 남쪽에 해태상, 북쪽에 거북이상 등 환조로 만든 동물상들이 배치되어 있어 금천의 분위기를 상징적으로 연출하고 있습니다.

흔히 비원秘苑이라 알려진 창덕궁 후원은 일반인들이 접근할 수 없는 조선시대 왕실의 금원禁苑으로 조선왕실 정원의 아름다움을 대표하는 곳입니다.

따라서 이곳의 빼어난 풍광은 많은 화가들이 즐겨 그리는 소재가 되었고 심지어 1960년대는 비원을 주로 그리는 화가들이 생겨나 손응성, 천칠봉, 이의주, 장이석, 변시지 등이 포함된 '비원파'라고 불렀는데, 주로 고궁 등의 실경을 화폭에 담았습니다.

이들은 지극히 사실적인 기법으로 인적 없는 적막한 고궁을 눈과 마음으로 어루만지듯 섬세하고 치밀하게 묘사했는데요, 천칠봉의 작품 가운데 '존덕정'을 소재로 한 그림이 있습니다. 육각형 정자인 존덕정은 조선건축의 이채로운 구상과 재주를 보여주는 중요한 건물입니다.

심추정의 서북쪽에 있으며 1644년에 건립됐지만 처음 이름은 육면정六面亭이었지만 뒷날 '존덕정'으로 고쳤으며, '덕성을 높인다'는 뜻입니다. 최초 이름의 명칭은 육각정자 형태로 겹지붕이 특이하므로 지붕 처마가 2층이면서 육각으로 되어 있기 때문이라고 합니다.

천칠봉의 창덕궁 존덕정 ⓒ 에이옥션

정조의 '만천명월주인옹자서萬千明月主人翁自序'란 유명한 명문 현판이 걸려있는 가운데 돌다리가 놓여 있습니다. 존덕정 옆의 연못과 관람정의 연지에 이르는 물길 위에 세워진 다리입니다.

존덕정을 지나며 만나게 되는 취한정, 소요정, 그리고 연경당의 대문인 장락문 바로 앞에도 돌다리가 있습니다. 법도에 따라 단청마저 하지 않았으니 낙선재란 그 이름은 모순 덩어리. '오래도록 즐거움이 있다'는 장락문도 마찬가지.

그러나 이 세상에 영원한 것은 아무것도 없지만 영원할 것처럼 믿게 만드는 바램은 때론 허무하기도 하지만 때에 따라선 숭고한 신앙이 되고, 촛불처럼 다가서는 법입니다. 장락은 신선이 살던 월궁을 뜻하기도 하니 이윽고 선계에 들어서기를 바랍니다.

선조들의 철학적 사유, 그 상상력의 끄트머리는 어디가 한계인가요. 저마다 대동의 마음을 저 담장에 꼭꼭 눌러 심었을 터입니다. 까치발로 서서 한 번은 밤하늘의 별을 쳐다보고, 또 한 번은 마당의 풀잎에 내려앉은 서릿발을 밟으면서 호사한 치장 아끼지 않았습니다. 조금 떨어진 낙선재의 꽃담을 따라 걷는 맛이 가히 일품이고 장락문의 돌다리가 예사롭지 않음을 다시금 깨닫습니다.

창경궁의 다리에 서서

보물 제386호인 옥천교玉川橋는 창경궁에 가면 만날 수 있습니다. 이 돌다리는 창경궁의 정문인 홍화문에 들어서면, 북에서 남으로 흐르는 옥류천을 가로질러 있는 것으로, 산천의 정기를 옮겨다 주는 명당수가 흐르는 곳입니다. 전체적인 형태는 반원아치형태의 홍예紅霓 2개를 이어 붙여 안정감이 느껴지는 한편 궁궐의 다리에 맞는 격식을 갖추고 있습니다.

홍예가 이어지는 공간에는 억센 표정을 하고 있는 도깨비 얼굴을 새겨놓아 주의를 끄는 가운데 공간에 맞추려는 듯 이마가 넓고 턱이 좁아 삼각형을 이루고 있습니다. 다리의 양옆에 두어 이곳을 오가는 이들을 보호하려는 의도로 보여집니다.

다리 위는 중간 부분이 무지개처럼 약간 둥그스름하며, 다리의 너비는 널찍하게 두었던 바 이는 임금님이 거동할 때 좌우를 옹위하는 의장대 행렬까지 고려했습니다. 다리의 좌우로는 아름다운 난간을 세우고 양끝의 기둥 위에는 돌짐승을 둥글게 깎아 두었습니다. 만들어진 시기는 창경궁을 짓던 때와 연관지어 1483년으로 보는 시각이 많습니다.

창경궁 영춘전 맞은 편 언덕 아래에 위치하고 있는 통명전은 왕

명당수가 흐르는 곳에 놓인 창경궁 옥천교

창경궁 옥천교의 귀면상, 꽃문양, 동물상
을 찾아보는 재미가 쏠쏠합니다.

비의 침전으로, 장희빈과 인현황후의 이야기가 회자되는 곳이기도
합니다. 통명전 지당의 물은 지당 북쪽 4.6m 거리에서 지하수를 끌
어 이용했습니다. 입수는 둥근 샘에서 나오는 물이 직선의 돌로 만든
물도랑을 통해 지당 속에 폭포 형태로 떨어지게 되고, 출수는 물이
차면 흘러넘치는 기법을 사용하고 있습니다.

　지당의 형태는 네모난 방지方池로 되어 있으며, 중간에 약간의 아
치형의 석교로 지당석교가 있습니다. 우리나라 궁궐의 교각이나 석
주에는 군자를 상징하는 연잎 모양의 석주를 많이 사용했습니다. 지
당 속에는 석분에 심은 괴석 3개와 기물을 받쳤던 앙련 받침대석 1
개가 있습니다.

　통명전 지당은 다른 곳에서 흔히 볼 수 있는 형태가 아닙니다. 석

창경궁 통명전의 지당은 다른 곳에서 보기 어려운 독특한 형태입니다. 먼저 둥근 샘에서 직선의 물도랑을 통해 물이 들어옵니다. 네모난 형태에 중간에 지당석교가 있고 신선들이 산다는 3개의 괴석과 양련 받침대석 1개가 있습니다.

난간을 두르고, 연못 속에 괴석을 배치한 것과 교각이 중간에 놓여 있고, 3개의 괴석은 신선들이 산다는 방장, 봉래, 영주의 삼신산을 상징하는 신선사상이 내포되어 있음을 짐작할 수 있습니다.

물 흐르듯 풀어낸 경복궁의 미

영험함을 얻어 나 여기 봉황을 불러앉혔나요. 용상 뒤켠 일월오악병풍은 백성들이 불러주는 만수무강의 촛불. 조대비님! 문안인사 기꺼이 여쭈오니, 천지신명께 바치는 저의 비나리 어떠합니까.

향기를 내뿜는 꽃은 길어야 십일을 넘기지 못해 '화무십일홍'이라지만 자경전 십장생 굴뚝과 함께 라면 '송수만년松壽千年 학수천년鶴壽萬年'. 청청 휘어진 매화나무에 꽃이 가득 벌어집니다. 문득 이 꽃잎을 보기 위해 달님도 나무 위에 내려와 그만 넋을 놓고 말았구려. 새들 또한 밤잠을 설치면서 달맞이를 하고 숨바꼭질을 하네요.

조선왕조의 궁궐은 정전의 외당外堂 앞에 명당수가 흐르도록 했으며 그 물 위로 다리를 설치한 바 이는 정전 안이 지엄하고 신성한 곳임을 나타내고자 함이었습니다. 경복궁은 풍수지리사상에 입각하여 명당자리에 들어서게 했지만 부족한 것이 있었는데 바로 명당수가 모자랐습니다.

이를 보완하기 위해 궁궐 서북쪽 물을 끌어들여 만든 것이 금천입니다. 금천은 물만이 아니라 북악산 정기를 궁 안으로 끌어오는 구실도 합니다. 북악산에서 흘러들어온 물과 서쪽에서 들어온 물이 합

1 경복궁의 영제교는 13.85m, 너비는 9.8m가량으로 비교적 넓으며 세 칸으로 나뉘어져 있으며, 중앙이 3.4m, 그리고 양쪽이 각각 3.2m씩입니다.

2 경복궁 영제교의 천록입니다. 해태 혹은 산예狻猊는 사자 모습을 한 전설상의 동물이라고 하지만 해태는 털이 있어야 하고 산예는 사자 모양이어야 하는데 이 돌짐승은 그런 특징이 보이지 않습니다. 뿔이 하나인 데다 비늘이 있는 것을 보면 전형적인 천록상입니다.

3 향기에 취해 거닐어야 제맛이 나는 경복궁 향원정의 취향교 ⓒ 문화재청

쳐져 근정문 앞을 지나는 금천을 이루는데 영제교永濟橋는 바로 이 곳에 설치한 다리입니다.

다리 발은 홍예의 형태를 취했으며, 난간 전후 법도에는 4마리의 서수가 강바닥을 뚫어져라 감시하고 있습니다. 광화문 밖의 서수가 뿔이 보이지 않는 데 반해 영천교의 이 서수들은 뿔이 보이고 있는데요, 정전의 앞이기에 더욱 삼엄한 경비를 서고 있는 듯합니다.

조선의 궁궐에는 중요한 다리나 건물 주위에는 잡귀와 사악한 것들의 근접을 막기 위해 이처럼 상상의 동물들을 설치합니다. 영제교의 네 마리 석수는 조선 후기의 석조 미술을 대표하는 조각 솜씨를 보여주고 있는 가운데 힘찬 발톱과 부릅뜬 눈, 억센 비늘 속에 생동하는 힘이 잘 표현되어져 있는데, 천록이라고 합니다.

이 돌조각은 경복궁 창건 당시부터 있었던 것으로 조선시대 뛰어난 조각 작품의 하나로 손꼽을 만한 명작입니다. 다만, 그중 한 마리는 이상하게도 등에 구멍이 나 있고, 또 한 마리는 일찍부터 없어져 2001년 영제교를 복원할 때 새로 조각하여 짝을 맞춰 둔 것입니다.

경회루의 오른쪽에 다리가 자리하고 있습니다

경복궁 향원정香遠亭은 보물 제1761호로 북쪽 후원에 있는 향원지 내의 가운데 섬 위에 건립된 육각형의 정자입니다. 향원지의 '향원香遠'은 '향기가 멀리 간다'는 뜻으로 북송대 학자 주돈이가 지은 〈애련설愛蓮說〉에서 따온 말로, 왕이나 왕족들이 휴식하고 소요하던 침전의 후원으로, 여기에는 향원지와 녹산 등 원림공간이 됩니다.

향원지는 모서리를 둥글게 조성한 방형의 연지에 연꽃과 수초가 자라고, 잉어 등 물고기가 살고 있으며, 수원水源은 북쪽 언덕 밑에 솟아나는 '열상진원洌上眞源'이라는 샘물입니다.

고종이 아버지 흥선대원군의 간섭에서 벗어나 친정 체제를 구축하면서 정치적 자립의 일환으로 건청궁을 지으면서, 그 건청궁 앞에 연못을 파서 가운데 섬을 만들고 세운 2층 정자입니다.

1867년부터 1873년 사이에 지어진 것으로 추정되며, 향원정으로 가는 섬에는 나무로 만들어진 '취향교醉香橋'는 향기에 취한다는 의미이며, 남쪽에는 함화당, 집경당이 위치해 있습니다.

취향교는 본래 목교로, 1873년에 향원정의 북쪽에 건청궁 방향

경복궁이라서 경사스러운 이 밤, 두 곳에 세워진 경회루가 당신을 기다리고 있습니다

으로 설치됩니다. 취향교는 건청궁에서 향원정으로 들어가도록 북쪽에 있었으나, 한국 전쟁 당시 없어졌으며, 현재는 1953년에 만든 다리가 향원지 남쪽에 있습니다.

본래의 취향교는 조선시대 원지에 놓인 목교로는 가장 긴 다리로 길이 32m, 폭 165cm입니다. 경복궁 근정전 서북쪽 연못 안에 세운 경회루慶會樓 국보 제224호로, 나라에 경사가 있거나 사신이 왔을 때 연회를 베풀던 곳입니다. 연못 속에 잘 다듬은 긴 돌로 둑을 쌓아 네모반듯한 섬을 만들고 그 안에 누각을 세웠으며, 돌다리 3개를 놓아 땅과 연결되도록 했습니다.

가장 남쪽에 있는 다리는 왕과 왕세자 등이 드나드는 다리였고, 가운데 다리는 신하들과 외빈들이 드나드는 다리, 북쪽에 있는 다리는 시중을 드는 신하들이 다니는 다리였다고 합니다. 교각 위엔 해태상이 자리잡고 있습니다. 난간은 꽃모양 받침돌로 구성되어 있으며, 다리 아래 기둥은 물의 배수를 고려해 지그재그로 놓여져 있습니다.

한국전쟁이 남긴 다리

독수리는 독하게 마음먹고 삼백예순다섯 날 '수리 수리 마수리' 주문을 외우며 사는 짐승이 아닌가 생각합니다. 날기 시험에 낙방한 독수리, 짝으로부터 버림받은 독수리 등 상처를 입은 젊은 독수리들이 벼랑에 모여 신세를 한탄하며 자살을 의결합니다. 이때 망루에서 이같은 낌새를 알아차린 대장 독수리가 그들 앞에 내려와 상처투성이인 날개를 보여주며 말합니다.

> 드러난 거 외에 마음의 상처까지 헤아리면 끝이 없단다. 일어나 다시 날으렴. 독수리 가운데 상처 없는 녀석들은 부화하자 죽은 것들뿐이란다. 살아가는 우리들 가운데는 상처 없는 독수리는 없단다.

김원중의 노래 〈이 세상에 상처 없는 새 어디 있으랴〉처럼 세상에 상처입지 않은 영혼이 있을까요. 상처가 많다는 것은 그만큼 많은 세월을 살았다는 것을 의미하겠죠. 저 역시 마음의 상처를 이겨내며 오늘도 살아갑니다.

한국전쟁의 비극을 보여주는 등록문화재가 많습니다. 충청북도 영동군 노근리 쌍굴다리에서는 민간인 학살이 자행됐습니다. 1950년 7월 후퇴하던 미군은 쌍굴다리에 피신 중이던 주민들에게 무차

별 사격을 가해 300여 명을 죽였으며, 지금도 총탄 흔적이 생생합니다. 비슷한 시기인 1950년 10월 도주하던 북한군이 반공인사 300여 명을 총살 혹은 물탱크에 생매장한 현장은 강원도 철원의 수도국터 급수탑에 남아있습니다.

철원에는 한국전쟁의 흔적이 다른 지역보다 훨씬 많습니다. 북쪽부분은 북한이, 남쪽은 남한이 공사를 맡아 한 승일교는 외관상 구별이 뚜렷하여 분단을 극적으로 상징하는 다리입니다. 그리고 등록문화재 제22호 철원 노동당사는 1946년 공산 치하에서 지역 주민들의 강제 동원과 모금에 의해 완공된 지상 3층의 건축물입니다.

일본의 천춘 철도 주식회사가 부설한 철원 금강산 전기철도교량 또한 철원에 있습니다. 등록문화재 제112호로 일제강점기에는 지하자원 수탈 및 금강산 관광용으로 운행되다가 해방 이후 한국전쟁에

1

서 북한에 의해 군수물자 수송에 사용되는 등 금강산 전기철도의 흔적을 그대로 간직하고 있으며 남북분단의 아픔을 적나라하게 보여주고 있습니다.

상처를 60년 넘게 간직하다

한국전쟁 당시 치열한 전투지였던 화천 북한강 상류. 그곳의 슬픔과 아름다움 그리고 향수가 곳곳에 남아있습니다.

화천 인민군사령부 막사는 등록문화재 제27호로 한국전쟁 시 인민군에 의해 건립된 건물입니다. 당시 인민군 사령부 막사로 활용됐으며 1층 장방형 석조 슬레이트의 단순한 형태로 당시 인민군 생활상을 엿볼 수 있는 건축물입니다.

북한강 최상류에는 화천을 묵묵히 지키며 파란만장한 역사를 대변하고 있는 꺼먹다리가 있습니다. 한국전쟁 당시에는 주요시설 확보를 위한 최대 거점 격전지였던 파로호와 화천 댐, 지금은 DMZ로 변한 백암산을 연결하는 유일한 교량입니다. 화천의 근현대사를 목격한 산 증인이며 어느덧 환갑이 넘은 국내 최고의 다리입니다.

1953년 한국전쟁 포고 12,733명이 자유를 찾아 돌아온 자유의 다리도 있습니다. 경기도 기념물 제162호로 임진각 광장 앞 망배단 뒤편에 놓인 다리 입니다. 폭격으로

235

1 금강산철길

2 철원의 상징물 두루미

다리가 파괴되어 기둥만 남아 있던 것을 전쟁 포로들을 통과시키기 위해 임시로 설치했으므로 건축적으로 뛰어난 점은 없지만 자유로의 귀환이라는 상징적인 의미를 담고 있어 한국 전쟁의 대표적인 유산이라 할 수 있습니다.

부산의 영도다리는 2006년 11월 25일 부산광역시 기념물 제56호로 지정됐습니다. 한국전쟁 당시 피란민들이 만약 헤어지게 되면 영도다리에서 만나자고 약속을 한 역사적인 장소로, 2013년 재개통된 영도대교 개도식이 매일 하루 한 번 낮 12시 진행됩니다. 부근에는 역사적 사실을 전하기 위한 도개식 영도대교 기념비와 현인노래비 등이 있어 지나는 사람들로 하여금 아련한 향수를 느끼게 합니다.

보성 벌교 홍교는 보물 제304호로 조정래의 소설 《태백산맥》에 등장할 정도로 유명합니다. 1948년 여순사건이 있던 늦가을에 "김범우는 홍교를 건너다가 중간쯤에서 멈추어 섰다."는 대목이 있습니다.

역사를 잊은 민족에게 미래는 없다

서울 한강철도교는 등록문화재 제250호로 일제강점기에 일제의 식민지배와 수탈에 이용된 현장으로 한국전쟁의 고난을 상징하며 산업 경제 발전과 교통혁명의 상징입니다. 1900년에 건립된 제1철도교는 우리나라 최초의 철로인 경인철도 건설 시 건립된 한강 최초의 다리입니다. 한국 전쟁으로 세 교량 모두 폭파된 것을 1957년에 제3

1 두루미, 독수리, 까마귀, 까치들이 함께 눈 덮인 DMZ에 함께 있습니다.

2 창녕 남지철교 ⓒ 창녕군청

철도교를, 1969년에 제1, 2철도교를 복구했습니다.

칠곡 왜관철교는 한국전쟁 때 남하하는 북한군을 저지하려고 미군 제1기병사단에 의해 경간徑間 1개가 폭파됨으로써 북한군의 추격을 따돌리는 역할을 한 유적입니다. 콘크리트 교각으로 화강암을 감아 의장이 화려하고 지면에 닿는 부분을 아치형 장식과 붉은 벽돌로 마감하는 등 근대 철도교에서 보기 드물게 장식성이 높다는 평가를 받고 있습니다.

창녕 남지철교은 등록문화재 제145호로 창녕과 함안 사이 낙동강을 가로질러 설치한 근대식 트러스 구조의 철교입니다. 철근콘크리트 T형 다리로 상부 철골 트러스교의 트러스는 교각 부분을 더 높게 설치해 마치 물결이 치는 듯한 아름다운 모습을 연출합니다. 이시기에 제작한 철교 가운데 가장 아름답고 우수한 다리로 평가받고 있습니다.

낙동강을 사이에 두고 창녕군 남지읍 남지리와 함안군 칠서면 계내리를 잇는 남지철교는 길이 391.4m, 폭 6m로 1933년에

3 칠곡 왜관철교 ⓒ 문화재청

4 한강 철도교

개통됐으며, 설계는 독일인, 공사는 일본인이 한 것으로 전해집니다. 이후 17년간 두 군의 주민이 낙동강을 건너 오가는 중요한 교통수단으로 사용됐습니다.

그러나 1950년 9월 치열했던 낙동강 전선 전투 과정에서 철교의 중간 부분 25m가량이 폭파됐습니다. 미군이 북한군의 도하를 막으려고 폭격기로 폭탄을 투하했기 때문입니다. 전쟁이 끝난 1953년에 복구, 교량의 기능을 되찾았으며, 여러 차례의 보수와 보강 공사를 거쳐 오랫동안 지역의 교통로로 사용돼 오다가 1993년 7월 정밀안전 진단 결과 C등급을 받아 차량 통행이 금지됐으며, 2004년 12월 31일 등록문화재 145호로 지정됐습니다.

이어 2008년부터 2년간 또 한 차례 보수 공사가 이뤄져 현재의 모습을 갖췄으며, 철교는 청소년에게 잊혀가는 역사를 가르치기 위해 국토 순례 장소로 활용되고 있습니다. 매년 1월 1일 신년 해맞이 장소로도 유명하며 유채꽃축제가 열리는 4월에는 많은 관광객이 찾습니다.

다리, 놀이와 축제로 만나다

다리밟기는 정월 대보름이 되면 남녀노소를 가리지 않고 많은 사람들이 마을에 있는 다리 위를 왔다 갔다 하면서 걷는 놀이로 답교踏橋놀이라고도 합니다. '교橋'가 우리나라 말로는 '다리脚'로 발음되므로 이렇게 하면 1년 동안 다리에 병이 생기지 않는다는 속설이 있기 때문입니다.

조선 선조 때 이수광의 『지봉유설』에는 '답교지희踏橋之戲'라고 해서 고려시대부터 전래된 풍속이라고 하며, "정월 대보름날 남녀가 쌍쌍이 짝을 지어 밤새도록 다녀 거리가 혼잡해 여자들의 다리밟기를 금하기까지 했다"고 전합니다.

유득공은 『경도잡지京都雜志』에서 중국의 여러 서적을 인용하고 "생각건대 『북경세시기北京歲時記』에 정월 대보름날 밤에 부녀자들이 모두 집에서 나와 다리를 거닐었다"고 적었습니다.

『열양세시기洌陽歲時記』는 "이날 열두 다리를 건너면 일 년 열두 달 동안의 액을 막는다고 하여 재상귀인宰相貴人으로부터 미천한 사람에 이르기까지 모든 사람이 다리밟기를 했다"고 합니다.

또, 『제경경물략帝京景物略』은 "정월 대보름날 부녀자들이 서로 이끌고 밤에 나와 다님으로써 질병을 없애는 것을 주백병走百病이라 한다"고 했습니다. 심방의 『완서잡기宛署雜記』는 16일 밤 부녀자들이 떼를 지어 보통 다리 부근에서 노는데, 삼삼오오 짝을 지어 다리를 건너는 것을 '도액度厄'이라고 기술하고 있습니다.

다리밟기는 전국적인 대보름 풍습으로 자리매김하였고 지역에 따라 다리의 상황에 따라 다양한 양상으로 전승되고 있습니다.

강릉지방에서는 다리빼앗기라고도 하며, 영동지방에서는 노인이나 다릿병을 앓는 사람들만이 참여하고 있습니다. 전북지방은 정월 대보름날 밤 달집태우기를 마치고 난 후에 다리밟기를 하는 바 자기 나이 수만큼 왕복해야 무병장수한다고 여기며, 경기도 광주에서는 보름날 새 옷으로 갈아입고 인근의 다리를 건너고 돌아옵니다.

부녀자들은 음식물을 냇물에 던져 복을 빌기도 하고 남자들은 농악을 앞세우고 무동舞童을 서기도 해 다리 위에서나 다리 근처에서 술자리를 베풀어 즐겁게 지냈다고 합니다. 또한 다리밟기를 마치고 나서 입고 있던 저고리의 동정襟을 뜯어 엽전과 함께 싸서 다리 한구석에 놓아두거나 다리 아래로 던져버리는 신앙적 행위도 있습니다.

다리를 건너는 방법도 지역에 따라 조금씩 다릅니다. 서울과 같

이 있는 다리를 모조리 건너기도 하고 열두 다리를 건너기도 합니다. 다리 셋만 건너면 되는 지역도 있는가 하면, 제일 큰 다리나 가장 오래된 다리를 나이 수대로 왕복하는 곳도 있습니다. 지역에 따라 왕복을 1회로 치는 곳과 왕복을 2회로 간주하여 기수의 연령일 때 마지막 1회는 다리 아래로 돌아오거나 다른 사람에 업혀서 돌아옵니다.

이 밖에 다리를 건너는 동안 횃불을 들고 다니다가 그 횃불이 나이 수를 채울 때까지 꺼지지 않으면 행운이 온다는 지역도 있으며, 건너서 돌아오는 다리는 다른 다리를 택하는 곳도 있습니다.

다리 위에서 청년들이 벌이는 격전도 있습니다. 상원날 다리를 사이에 두고 이웃 마을과 대치한 뒤 상대편을 다리에서 떨어뜨려 먼저 다리를 빼앗으면 이기게 되는 '다리빼앗기'를 하는 곳도 있습니다. 특히 서울 지역과 경기 남부 지역에서 답교놀이가 특히 성행하고 있습니다. 대체로 무동놀이와 선소리 산타령과 의례가 지역적으로 조금씩 차이를 보이면서 전승되고 있습니다.

강릉 사천하평답교놀이 ⓒ 강릉시청

민속놀이로 커진 송파다리밟기

　다리밟기는 흥겨운 놀이의 성격을 지니고 있습니다. 그중에서도 송파다리밟기는 세시풍속으로 전승되는 다리밟기에 그치지 않고, 무동놀이와 선소리와 취타대와 집사, 별감, 양반 등의 여러 신분의 배역들이 등장하여 함께 어우러지는 민속춤과 민요 등의 예능적 요소가 가미되어 대동놀이로 발전한 한국의 대표적인 민속놀이입니다.

　무리를 지어 다리밟기를 하면서 노래도 부르고 춤도 추어 혼잡한 가운데 여흥으로 기분을 돋우던 것이 점차 그 성격이 변하여 놀이패가 따로 조직되면서 연희성을 띠게 된 것이죠. 서울시 무형문화재 제3호로 지정될 정도로 다리밟기를 할 때에는 사대문도 닫지 않았다는 기록으로 보아 매우 중요하게 여겼던 것을 알 수 있습니다.

　무동답교놀이패들은 낮에 집집마다 돌아다니면서 지신밟기를 하며 술과 음식을 대접받으면서 놀았습니다. 저녁에는 달집을 태우고 짚불을 돌리며 놀다가 달이 떠오르면 다리를 밟으면서 음식을 한지에 싸서 다리 밑에 던지고 달을 향해 두손 모아 빌며 '다(달)님소원

빌기'를 하기도 합니다.

송파다리밟기가 언제부터 놀이화되었는지에 대한 정확한 기록은 없지만 전하는 말에 의하면, 삼정승 육판서가 다리만 밟고 끝낼 것이 아니라 그 뒤에 여흥을 하는 것이 좋다고 생각하고 가무별감歌舞別監을 시켜 답교를 하고 놀기 시작한 뒤부터라고 합니다.

한편 예능보유자였던 고 한유성의 증언에 따르면 언제부터인지 귀인들도 가마를 타고 이날 거리로 나왔고, 태평성대에는 임금도 간단한 호위를 받으며 이 행사에 참가했는데, 그날 임금의 행차를 재현한 것이 답교놀이의 유래라고 해서 한때는 왕의 가마와 상궁, 삼정승 육판서를 대동한 답교놀이도 행했다고 합니다.

강원도 무형문화재 제10호로 강릉사천하평답교놀이도 유명합니다. 하평리는 강릉농악의 한 갈래인 하평농악대가 구성되어 활동하는 전통민속마을로, 해마다 좀상날에 주민들이 다리를 밟으며 풍년과 안녕을 기원한 행사입니다.

좀상날은 좀생이별, 즉 천체 28개 별자리 중에서 '폴리아테스'라

고창 모양성 답성놀이
© 고창군청

는 작은 별의 모임과 달의 거리로 한해 농사의 풍흉을 점치던 날입니다. 이에 하평리에서는 좀상날이 되면 잔치를 벌이고, 횃불을 만들어 날이 어두워지면 사천진리 다리까지 가서 다리뺏기 놀이도 했던 것입니다.

과천무동답교놀이는 경기도 무형문화재 제44호로 정조대왕의 효행과 관련지어집니다. 조선조 제22대 정조대왕이 선친인 사도세자의 억울한 죽음을 비통하게 여겨 화성 현륭원으로 천봉하고 전배하는 능행시 경숙이 빈번해지자 대왕을 위로하기 위해 과천의 마을 사람들이 화려한 복색의 미동을 꾸미며서 무동극을 창출, 능행을 환송하고 효행을 칭송하니 대왕이 즐기시고 기뻐했다는 말이 구비 전승되고 있습니다.

안동놋다리밟기는 경북 무형문화재 제7호로 안동지방에서 정월 대보름에 행해지던 여성들만의 민속놀이로 '놋다리놀이' 또는 '기와 밟기'라고 부르기도 합니다. 이는 고려 공민왕이 홍건적의 난을 피해 공주를 데리고 안동으로 피난을 와 개울을 건널 때 마을의 부녀자

들이 허리를 굽혀 다리를 놓았다는데서 유래되었다는 설이 전해집
니다. 모든 여성이 한데 모여서 노래를 부르며 즐기는 규모가 큰 향토
오락으로, 다른 민속놀이와 달리 놀이로만 이어지며 승부를 내지 않
는다는 점이 특징의 하나입니다.

낙안읍성의 평석교, 즉 마치 마루를 놓듯이 긴 장대석에 조그만
석판을 맞추어 끼워 놓은 다리에서는 음력 정월 대보름날 자기 나이
숫자대로 다리 건너기를 했다고 합니다. 다리밟기를 해야 일 년 내내
다리가 아프지 않고 건강하게 지낼 수 있다고 믿어왔기 때문입니다.

청계천에 놓여 있는 다리를 중심으로 성행한 다리밟기

정월 대보름날 밤이 되면 도성 안 남녀 모든 사람들이 저녁 종소
리를 들으려고 먼저 종루로 몰려들었습니다. 사람들은 종소리를 들
은 다음 청계천을 비롯한 도성 곳곳에 있는 다리로 흩어져 열두 다
리를 차례로 밟았습니다. 이 열두 다리는 대체로 대광통교, 소광통
교, 수표교, 장통교, 효경교, 태평교, 모전교, 송기교, 혜정교, 철물

과천 무동답교놀이 ⓒ 과천시청

교, 동대문 안의 첫 다리, 두 다리 등이었습니다.

정월 대보름날 밤에는 야간 통행금지가 해제되었으므로 사람들은 밤을 새워 다리 위를 다니면서 풍악을 울리며 노래를 하기도 하고, 물에 비친 달을 보며 1년 동안에 좋은 일이 있기를 기원했습니다. 끊어진 남쪽과 북쪽의 천변을 이어주던 역할을 하던 다리가 세시풍속이라는 연중행사가 벌어지는 공간으로 변모하는 것입니다.

『조선왕조실록』을 보면, 1560년에 답교를 사헌부로 하여금 금지하게 했다는 기사가 보입니다. 1년 동안의 액막이를 한다고 하여 서울안 남녀가 혼잡하게 모이고 서로 싸우면서 풍속을 어지럽힌다는 이유 때문입니다. 그러나 답교금책은 조선조의 일관된 정책이 되지 못합니다.

영조와 정조는 오히려 답교놀이를 위해 통행금지를 해제시켜주는 포용정책을 펼칩니다. 정조는 숭례문과 흥인지문의 빗장을 풀고 성을 나가서 답교를 하는 것까지 허락합니다. 이를 '방야'라 했는데 백성과 태평을 같이 즐기는 왕의 뜻을 보이기 위함입니다. 그러므로

정월 대보름의 청계천은 거의 해방구나 다름없었습니다.

『동국세시기東國歲時記』,『경도잡지京都雜誌』 등을 보면, 답교놀이가 청계천의 광통교와 수표교에서 가장 성행하였으며 남녀노소, 귀천을 가리지 않고 즐겨했다고 기록합니다. 청계천 다리 위에서 하천에 비친 정경을 바라보는 운치도 만만치 않았습니다. 성중盛仲은 칠언율시에서 다음과 같이 노래합니다.

값진 좋은 이 밤에 물색物色은 맑구나, 구리九里 길거리의 시전市廛에 보름달이 비쳤고, 광통교 왼쪽 술집에 등불이 밝구나

청계천에 비친 보름달을 보면 시심詩心이 절로 나올 만합니다.

보통 양반들은 백성들이 붐비는 15일 밤을 피해 14일 밤에 다리 밟기를 했다고 합니다. 이를 가리켜 '양반답교'라고 합니다. 말을 탄 양반과 사선紗扇으로 얼굴을 가린 양반들의 표정이 근엄해 보입니

안동 놋다리밟기 ⓒ 안동시청

다. 이는 참으로 '점잖은 다리밟기'입니다.

오계주吳啓周가 그린 〈광통교 답교놀이 풍속도〉를 보면 이같은 양반들의 모습이 잘 나타나 있습니다. "주악奏樂과 가창歌唱소리가 사방에 일어나서 일 년 중 가장 성황을 이루었다"는 문구가 기록되어 있습니다. 또한 『경도잡지京都雜誌』에도 "여기에다 악기인 소簫를 부르고 북을 울리며 떠들고 소란하였다"고 적고 있습니다. 이는 다리밟기가 음악과 노래로 흥취가 높아졌다는 사실을 말해줍니다.

일제 시기에도 답교놀이 풍속은 그대로 이어졌습니다. 매일신보, 중외일보 등 당대 신문들은 정월 대보름 관련 기사를 보면 심심치 않게 답교놀이가 이야기되고 있습니다.

다리밟기는 시간이 흐를수록 다소 변형되어 1940년대 서울지방의 경우 보름날 남자만이 다리밟기를 했으며, 열두 다리만 건너는 것이 아니라 도성 안에 있는 모든 다리를 건넜다고 합니다.

이후 서울에 있었던 하천과 다리가 하나둘 사라지면서 다리밟기도 점차 사라져 갔으며, 지금은 송파 답교놀이만이 복원되어 민속놀이로 계속 전승되고 있습니다. 청계천의 상판이 열리고 아름다운 다리들이 세워진다면 다리밟기의 풍속도 새 빛을 보기 바랍니다.

고창읍성 답성놀이

전북 고창 지역에서는 다리가 성으로 바뀌어 진행됩니다. 스스로가 밟는 성이 곧 다리인 셈입니다. 여성들의 성벽 밟기 풍습으로 윤달에 돌을 머리에 이고 성을 한 바퀴 돌면 다릿병이 낫고, 두 바퀴 돌면 무병장수하고, 세 바퀴 돌면 극락승천한다는 구전에 따라 지금도 윤달이 든 해에는 전국 각지에서 몰려든 답성 행렬로 일대 장관을 연출하는 등 한 해의 재앙과 질병을 쫓고 복을 비는 의식의 하나로 좋은 민속자료가 됩니다.

함께 전해 내려오는 '오누이 힘내기 설화'는 힘이 장사인 오빠와 여동생이 힘을 겨루는 내용으로, 여동생은 성돌을 치마폭에 실어 날라 성 쌓기를 하고 오빠는 나막신을 신고 한양을 다녀오는 내기를 하는 내용입니다. 고창읍성을 축성한 이후에 '오누이 힘내기 설화'가 차용된 것으로 보인다는 전문가의 지적입니다.

축성 전설에서 말해 주듯이 부녀자들의 중추적으로 참여했지만 7월 백중놀이 때에는 농부들이 장원례를 하면서 성을 한 바퀴 도는 의식을 거행하는 관행이 있었다고 합니다. 백중날 장원례는 농사를 잘 지은 머슴을 장원으로 뽑아 어사화를 머리에 씌우고 모양성의 성돌이를 즐기는 놀이였다고 합니다.

그런데 묘하게도 모양성의 성밟기는 공북문으로 들어가 성을 돌아서 다시 공북문로 돌아 나오는 방식으로 이뤄집니다. 북문으로 들어간다는 자체가 저승으로 향한다는 뜻이니, 북망산천 체험 장소로는 최적이 아닐 수 없습니다. 윤달이 든 해는 손이 없는 달로서 수의를 만들기도 바쁘지만, 언제 또 4년을 기다릴까. 그러니 한복 곱게 차려입고 생전의 극락왕생 여행을 떠나는 것인지도 모릅니다.

때문에 고창의 모양성은 윤년 3월만 되면 극락의 정토 세계로 꾸며집니다. 살아서 극락세계를 다녀온다는 게 어디 쉬운 일인가요. 그래서 고창 지역 사람들은 아침부터 모양성의 동편 가파른 성곽을 오르기 시작합니다.

처음으로 당도한 동문의 등양루에 올라 누각의 문을 세 번 열어 젖히면서 소원 성취와 무병장수와 극락왕생을 주문합니다. 그 문이 극락의 문입니다. 문을 열고 극락세계로 들어선 것입니다. 말로만 듣던 극락정토에 들어서니 마음이 편안해집니다.

모양성의 남쪽 정상에 오르면 하늘이 무척 아름답습니다. 고창 모양성이 잠시 미륵보살이 좌정하고 있는 도솔천 내원궁처럼 느껴집니다.

불자들은 극락왕생을 서원하고자 지장전에 찾아가 빌고 또 비는데, 4년에 한 번 모양성 밟기를 하면서 생전에 극락을 다녀왔으니 이보다 더 좋은 일이 어디에 있던가요. 다시 성을 돌아내려 오는 길에 서문의 진서루鎭西樓에 들릅니다.

"고창읍이 오래오래 살기 좋은 고을이 되게 하소서"하고 기원하면서 길을 재촉하여 다시 공북문에 다다릅니다. 공북문을 나서면서 북망산천을 두루두루 둘러보는 사이 죽음의 두려움은 온데간데없고 편안한 마음을 갖고 집으로 향합니다. 살아서 극락세계에 다녀왔으니 어찌 마음이 편안하고 즐겁지 않으랴.

'한국의 아름다운 길' 100선에 놓인 다리

"열심히 일한 당신 떠나라!"는 말이 새삼 떠오르는군요. 여행을 못가는 평일엔 여행을 떠나는 기분으로 최소한 40분을 걷곤 합니다. 흥건하게 배인 땀을 통해 스트레스와 고민을 해결하는 저만의 힐링 법입니다.

청아한 하늘 한번 바라보고 시선을 아래로 하니 억새가 곱디고운 누님처럼 빛납니다. 싸드락싸드락, 사부작사부작, 싸목싸목 이것 저것 해찰하며 걷고 싶은 길을 걷는데, 답답했는지 차를 타라고 하는 지인들이 있다면 조금은 화를 낼 수도 있습니다.

발길 닿는 대로 가다가 멈춰 서는 지혜를 길을 걸으면서 종종 체득합니다. 이젠, 빠른 길로 가고 싶지 않아요. 고속으로 가는 길은 언제나 위험하고 집중과 긴장 때문에 너무 피곤해요. 제가 그만큼 자신감이 없고 소심해서 인지도 몰라요.

길을 가다가 실수를 할 때면 상처나지 않는 풀밭에 편하게 쓰러지면 그만이므로 전혀 부담이 없습니다. 군것질을 하며 가도 좋고, 물수제비를 던질 때면 미움도 원망도 순간에 날려 버리지요.

아주 천천히 걸으면 귀가 열려 산새 소리가 들리며, 코가 열려 솔향이 맡아지며, 눈도 열려 아주 예쁜 아이들의 모습도 보입니다. 오솔길을 자분자분 걷는 기분이라면 어느새 마음의 문이 열려 다른 세상으로 접어듭니다.

남들이 가는 속도에 뒤질세라 하는 마음을 종이비행기에 고이 접어 날려 보세요. 저더러 바쁜 세상에 한가하다고, 한심하다고 더러 말을 할지도 모르겠습니다만 지나온 길을 한번 냉정하게 되돌아보세요. 아마도 느끼는 게 있을 겁니다. 천천히 걸어도, 빨리 걸어도 우리에게 주어진 시간은 오직 같아 한세상이라고 하지 않나요.

전국적으로 '걷기 좋은 길'을 조성하고, 그 길을 찾아 걷는 것이 붐입니다. '마실' 한 번 가볼 생각은 없나요,

'마실길'이란 옆집 놀러 갈 때 '마실 간다'라고 쓰는 지역 사투리 말입니다. 경상도 지방에서도 '마실 가다'라는 표현을 썼으며, 충청도에서도 쓰고, 전라도에서도 쓰는 곳도 있습니다.

치열한 경쟁 사회 속에서 살아남기 위해 힘들게 버티며 살아가고 현대인. 누구나 찌든 일상에서 벗어나 쌓인 스트레스를 털어버리고, 자유롭게 여유를 즐기며 시간을 보내는 것을 소망합니다. 가족과 연

광안대교 ⓒ 부산광역시청

인, 친구들과 함께 자연을 만끽하며 지금, '마실길'에서 몸과 마음의 힐링을 해보는 건 어떨까요. 인생은 마실길을 걷는 것과 같으니 말입니다.

마실길, 자연과 어울림입니다. 행복의 반올림입니다. 내 영혼을 두드리는 터 울림의 장입니다. 삶은 마실길, 시나브로 발길 닿는 대로 가다가 멈춰서면 바람이 전하는 말을 듣는 사람들이 많았으면 참 좋겠습니다. 그래서 마실길 같은 삶을 꿈꾸는 사람들은 참 행복합니다.

세상만사, 흘린 땀만큼 정직한 게 또 있을까요. 이같이 해야 무슨 일이 닥쳐와도 머리로 해결하지 않고 가슴으로, 스킨십으로 하므로 하는 일마다 대박이 기다리지 않을까요. 어제, 당신 무척 수고하셨

습니다. 서울, 대전, 부산, 대구, 인천, 광주 찍고 '아하'는 하셨나요. '아하'를 안하셨으면 말짱 도루묵이요, 완전 꽝입니다. 시계는 살 수 있지만 시간은 살 수 없다는 마음가짐으로 '악보 없는 쉼표' 찍느라고 정말 수고하셨습니다.

일상에 파고드는 떠남의 역마살은 분주하게 떠돌아다니는 자만의 특권입니다. 쉽지 않기 때문에 아주 큰 특혜인지도 모릅니다. 내가 마음의 문을 열고 낮은 자세로 손을 내밀었으므로 삼라만상이 들어오는지도 몰라요. 진짜 여행은 행선지를 떠나는 게 아니라, 그곳에서 자아를 만나 대화를 하는 것이 아닌가요. 몸이 고장 나면 약이라도 있지만 마음이 고장 나면 만 가지 약도 아무 소용이 없습니다.

그래서 여행은 즐기는 것이 아닌, 무거운 짐을 내려놓음의 시작입니다. 낯선 세계가 무서운 것이 아니라, 허우적거리며 살아온 시간

무섬의 외나무다리

이 참 허망함을 느끼는 게 가장 끔찍합니다.

여행을 잘 떠나는 당신, 일도 사랑도 지혜도 용서도 능력도 최고이십니다. 일상에 찍는 '녹색 여행'의 스탬프 하나, 언제 아무 때나 떠날 수 있도록 맡은 일 최선을 다하며, 오늘도 힘차게 하루를 보내고자 합니다.

'한국의 아름다운 길 100선'은 3개월간 인터넷 공모를 통해 신청받아 도로, 예술, 사진 분야 등 각계 전문가와 시민단체 등으로 구성된 선정 위원회가 미관, 역사성, 기능성 등을 종합적으로 검토해 선정했습니다.

대상에는 경남 사천시와 남해군을 연결하는 창선·삼천포 대교가 선정됐고 최우수상은 전남 담양의 메타세쿼이어 가로수길 등 5곳이, 우수상은 경북 문경의 문경새재 과거길 등 16곳이 선정됐습니다. 대부분 낙조와 야경이 아름답고 다양한 볼거리와 즐길거리가 산재한 곳이 많은 것으로 유명합니다. 선정된 100선에는 해안도로와 가로수길, 강변길, 등산로 등 드라이브나 산책하기 좋은 길이 많아 가족 나들이나 데이트 때 참고할 만합니다.

그 외에도 명량대첩의 얼이 살아있는 진도대교, 물物과 수水가 흐르는 청계천, 천년 세월의 농다리, 전 국토의 일일생활권 시대를 개막한 고속국도 1호선, 한강 교량 중 가장 긴 교량이 방화대교, 88 서울올림픽을 뜻하는 높이 88m의 주탑 4개가 서 있는 올림픽대교가 있습니다. 또, 바다 위에 세운 건설 미학으로 꼽히는 영종대교, 역사와 문화가 있는 만안교, 산과 물이 어우러진 호반 속의 용담대교, 아산만의 넓은 바다 위에 구름다리처럼 웅장하게 펼쳐진 서해대교,

벚나무 꽃길이 아름다운 경로포, 마치 하늘에 떠 있는 듯한 착각과 함께 보는 횡성대교도 이름을 올렸습니다.

단양 제9경중의 하나인 단양대교, 내풍 안전성에 유리한 독창적인 교량인 옥순대교, 구천동 제1경 나제통문, 카멜레온같은 야경을 가진 돌산대교, 다도해상 국립공원의 아름다운 풍경이 펼쳐지는 조도대교, 흥무로 야간 벚꽃길, 마을과 뭍을 이어준 유일한 통로 무섬 외나무다리, 동진대교가 있는 해안도로, 한국의 금문교라 불리는 남해대교, 밤이면 온화하고 포근한 푸른 조명이 바닷물에 반사되어 독특한 아름다움을 자아내는 통영대교, 봄철이면 벚꽃이 구름같은 터널을 이루는 정읍 샘골다리 등도 아름다운 우리네 다리입니다.

정읍 샘골다리 분수의 야경 ⓒ 정읍시청

도움을 준 단체 및 개인

강릉시청
강원도 고성군청
강진군청
건봉사
경주시청
고창군청
곡성군청
과천시청
구례군청
국립무형유산원
국립문화재연구소
국립중앙박물관
군산근대역사박물관
군산시청
금산사
김제 청하면사무소
김학곤(화가)
낙안읍성
남원시청
논산시청
능성구씨 가문
동아대학교 박물관
문화재청
미륵사지유물전시관
보성군청
봉화군청
부산광역시청
부산시립미술관
부여군청
사천시청
삼성미술관 리움
새전북신문, 조선일보, 동아일보, 경남도민일보, 충북일보, 오마이뉴스 등
서산시청
서울대학교 규장각 한국학연구원
서울특별시청
세종한글서예연구회
소쇄원
수원시청
수원 화성
순창군청
순천시청
신안군청
아산시청

안동시청
안양시청
양평군청
에이옥션
여수시청
여운용
영광군청
영주시청
예산군청
완도군청
완주군청
우리땅걷기모임
월출산국립공원사무소
익산시청
인천대교주식회사
임실문화원
임실필봉농악보존회
전라금석문연구회
전라북도교육청
전북대학교 김능운
전북대학교 박물관
전북도립문학관

전주농악전수관
전주문화원
전주시청
정문배(화가)
정선군청
정읍시청
주호종(창극연출가)
진도군청
진천군청
창녕군청
창원시청
철원군청
태안사
통도사
평창군청
평창효석 문화마을
하동군청
한국서예교류협회
함평군청
홍성모(화가)
화천군청
황순원문학촌소나기마을

한국의 다리 풍경

1판 1쇄 펴낸날 2016년 5월 20일

지은이 이종근

펴낸이 서채윤
펴낸곳 채륜
책만듦이 김승민
책꾸밈이 이한희

등록 2007년 6월 25일(제2009-11호)
주소 서울시 광진구 자양로 214, 2층(구의동)
대표전화 02-465-4650 | **팩스** 02-6080-0707
E-mail book@chaeryun.com
Homepage www.chaeryun.com

책값은 뒤표지에 있습니다.
ISBN 979-11-85401-18-8 03610

이 도서의 국립중앙도서관 출판예정도서목록(CIP)은 서지정보유통지원시스템 홈페이지
(http://seoji.nl.go.kr)와 국가자료공동목록시스템(http://www.nl.go.kr/kolisnet)에서
이용하실 수 있습니다. (CIP제어번호 : CIP2016010996)